AF384026

DE LA BALANCE

DU COMMERCE

ET

DES RELATIONS COMMERCIALES EXTÉRIEURES

DE LA FRANCE,

DANS TOUTES LES PARTIES DU GLOBE.

TOME DEUXIÈME

DE LA BALANCE DU COMMERCE

ET

DES RELATIONS COMMERCIALES EXTÉRIEURES

DE LA FRANCE,

DANS TOUTES LES PARTIES DU GLOBE,

PARTICULIÈREMENT

A LA FIN DU RÈGNE DE LOUIS XIV,

ET AU MOMENT DE LA RÉVOLUTION ;

Le tout appuyé de Notes et Tables raisonnées authentiques, sur le Commerce et la Navigation, la Population, le produit Territorial et de l'Industrie, le prix du Bled, le Numéraire, le Revenu, la Dépense et la Dette publiques de la France, à ces deux époques,

AVEC LA VALEUR

De ses Importations et Exportations progressives depuis 1716 jusqu'en 1788 inclusivement,

PAR M. ARNOULD, Sous-Directeur du Bureau de la Balance du Commerce.

Quiconque veut lire l'Histoire en Citoyen et en Philosophe, recherchera, entre autres connoissances, comment et jusqu'à quel point une Nation s'est enrichie depuis un siècle : les registres des exportations peuvent l'apprendre.

VOLTAIRE : *Remarques sur l'Histoire.*

TOME DEUXIÈME.

A PARIS,

Chez BUISSON, Lib.-Imp., rue Haute-Feuille, n°. 20.

1791.

TABLE

DES SECTIONS

ET DES PIECES JUTIFICATIVES

Contenus dans ce second Volume.

Tome II.   a

NOTE DEUXIEME.

Eclaircissemens sur la carte générale, tant des emprunts faits par le gouvernement, que des revenus ordinaires versés dans le trésor public, depuis 1716 jusqu'en 1788 inclusivement, rapprochés de l'état des balances en argent dues à la France par les nations étrangères, dans la même période, page 147.

NOTE TROISIEME.

Réflexions sur des renseignemens relatifs aux finances et à la population de la France, extraits des mémoires rédigés par les Intendans, sur la fin du siècle dernier, par ordre de Louis XIV, et pour l'instruction du duc de Bourgogne, lesquels mémoires ont été publiés par le comte de Boulainvillers,   page 171.

NOTE QUATRIEME.

Estimation du numéraire effectif; valeurs

Fin de la table du second volume.

DE

SECTION V.

Des pêches françoises.

LES pêches françoises extérieures se divisent naturellement en deux branches.

La première branche comprend les pêches lointaines de la morue, soit au banc de Terre-neuve en Amérique, soit en Islande, et en Hitlande dans l'océan septentrional; et la pêche de la baleine au Groenland, et à la côte du Brésil.

La seconde branche se rapporte aux pêches *vicinales*, sur nos côtes, dans l'océan et dans la méditerrannée; elles consistent dans la pêche du hareng, du maquereau, de la sardine, et enfin dans celle des autres poissons comme thon, turbot, raye, congres, etc.

Tome II.   A

Les Dunkerquois s'adonnent en outre, sur les côtes d'Islande, à la pêche du hareng, comme ils s'y livrent à la pêche de la morue.

1°. La pêche de la morue à Terre-neuve, est aujourd'hui la seule importante des pêches françoises lointaines, et elle a éprouvé bien des vicissitudes, depuis l'époque de nos premiers établissemens.

Les François prétendent avoir visité les côtes de l'isle de Terre-neuve, vers le commencement du seizième siècle; mais il est au moins constant que, dans le milieu du dix-septième, ils fréquentoient en assez grand nombre, la partie septentrionale de cette isle, qu'ils avoient appellée *Petit-Nord* : quelques-uns même s'étoient fixés sur la méridionale, à la baïe de Plaisance.

Le gouvernement ne commença de songer à l'utilité des pêcheries de Terre-neuve qu'en 1660, et encore fut-ce pour nuire à leurs progrès ; car il vendit à un particulier la propriété de la baïe de Plaisance. Cette conduite, ou nulle, ou inconsidérée de notre ministère, fut cause que la pêche françoise ne put jamais atteindre le niveau de la pêche angloise; mais toute comparaison à faire entre cette branche d'industrie des deux nations dut cesser, aussitôt que la France eut cédé à l'Angleterre, par le traité d'Utrecht, la possession entière de l'isle de Terreneuve, en se réservant cependant le droit de pêcher dans une partie de l'isle, et sur le grand banc, qui en est une dépendance (1).

Quelques années après la paix d'Utrecht, c'est-à-dire à la fin du règne de Louis XIV, le produit de la pêche françoise de la morue ne paroissoit s'élever qu'à un million environ, valeur actuelle (2).

La France ayant perdu avec l'isle de

____

(1) Histoire philosophique et politique des établissemens et du commerce des Européens dans les deux Indes, tome VIII.

(2) Pièces justificatives : tableau numéro 2, lettre E.

Terre-neuve, ses établissemens *au Petit-Nord* et *à Plaisance*, fut forcée de tenter de nouveaux moyens d'assurer la pêche nationale de la morue. Elle peupla de pêcheurs établis à Terre-neuve, le Cap-Breton, nommé depuis l'Isle Royale: en 1720, elle fortifia Louisbourg, port situé sur la côte orientale de cette isle. La France tenta encore un établissement à S. Jean, vers 1749, époque où les Acadiens s'y réunirent, au nombre de plus de 3000 habitans. Comme ils étoient la plûpart cultivateurs, et sur-tout habitués à élever des troupeaux, le gouvernement crut devoir les fixer à ce genre d'occupations : ainsi la pêche de la morue ne fut permise qu'à ceux qui s'établirent à la Tracadée et à Saint-Pierre.

La guerre de 1756, si ruineuse à tant d'égards pour la France, fut également destructive de ses établissemens de la pêche de la morue. La possession de l'Isle Royale ou de Louisbourg avec l'isle S. Jean, fut assurée aux Anglois, à la paix de 1763, de manière que les François virent leur

pêche sédentaire, réduite aux établissemens fixes de l'isle S. Pierre, et des deux
petites isles de Micquelon, qu'il ne leur
fut pas même permis de fortifier.

Pour comble de détresse et d'humi-
liation, ce ne fut qu'en 1776, que les
Anglois consentirent à une distribution
égale du canal, qui sépare ces isles de
la partie méridionale de Terre-neuve. Ce
n'est pas tout : ni en 1713, ni en 1764,
les deux puissances n'avoient déterminé
la ligne de démarcation de la pêche françoise et angloise au grand banc, ensorte
que, dans les contestations qui s'élevoient
journellement entre les pêcheurs des
deux nations, les Anglois, comme les
plus nombreux, avoient toujours l'avantage. Cette difficulté alloit être terminée par une négociation, lorsqu'elle fut
interrompue par les hostilités de 1777 (1).

Enfin le traité de paix du mois de jan-

____

(1) Histoire philosophique et politique des établissemens et du commerce des Européens dans les
deux Indes, tome VII et VIII.

vier 1783, entre la France et l'Angleterre, ne nous rétablit pas, à la vérité,
dans la position où nous étions parvenus
quelques années après la pacification d'U-
trecht ; mais au moins il rendit notre
condition meilleure qu'elle n'avoit été
depuis 1763. Les six premiers articles de
ce traité règlent les pêches françoises
et angloises au banc de Terre-neuve. Ils
portent en substance que l'Angleterre
conservera l'isle de Terre-neuve et celles
adjacentes ; ils déterminent les bornes de
la pêche françoise, nous confirment
la possession des isles de S. Pierre et de
Micquelon, et nous donnent la jouissance
de la pêche, dans le golphe Saint-Laurent.

Au moment de la révolution, le produit de la pêche françoise de la morue,
s'est élevé jusqu'à la valeur de 45 millions
731 mille livres (1). Dans cette somme,
la pêche sédentaire des habitans des isles
de S. Pierre et de Micquelon, est com-

---

(1) Pièces justificatives : tableau numéro 2,
lettre E.

prise pour 13 cent mille livres; celles des Dunkerquois en Islande et en Hitlande, pour 12 cent mille livres. La progression paroît sensible, je ne dis pas comparativement au produit de la pêche de la morue, qui ne montoit qu'à un million, à la fin du règne de Louis XIV, mais eu égard à sa situation avant la dernière guerre; il paroît qu'elle ne s'élevoit alors qu'à environ 6 millions (1).

Les causes des succès obtenus depuis la paix se rapportent non seulement aux stipulations du traité de 1783, plus favorables que celles de 1763; mais ils sont encore le fruit de quelques dispositions locales prises par le gouvernement, et particuliérement l'effet des encouragemens ou primes accordés par les réglemens des mois de septembre 1785, et février 1787.

Ces gratifications furent fixées en fa-

____

(1) Histoire philosophique et politique des établissemens et du commerce des Européens dans les deux Indes : livre XVII, numéro premier. Etat de la pêche de la morue faite par les françois en 1773.

veur des négocians françois qui transpor-
teroient des morues sèches, de pêches
nationales, dans les isles du vent et sous
le vent, ainsi que dans les ports d'Europe, tels que ceux d'Italie, d'Espagne,
de Portugal et du Levant. Elles s'élèvent
annuellement à environ 3oo mille livres,
et sont destinées à écarter en partie la
concurrence des Anglois et des Américains libres dans l'appovisionnement de
ces différens marchés. Leur très-grande
supériorité sur nous, dans cette branche
d'industrie, provient des possessions étendues et des établissemens fixes qu'ils ont
dans cette partie du globe, où les François sont obligés de se rendre chaque
année, pour faire la pêche de la morue.
Ces déplacemens occasionnent une addition de dépenses, qui augmentent le prix
de la morue de pêche françoise.

QUAND à la pêche de la baleine, elle
étoit pratiquée dès le commencement
du seizième siècle par les Basques, et
fut sur-tout florissante, vers le milieu du
dix-septième siècle. Les habitans de Saint-

Jean de Luz , de Bayonne et de Ciboure, y envoyoient alors jusqu'à cinquante et soixante navires; les Hollandois, à cet époque, n'y en envoyoient pas davantage. En 1690, les choses étoient déja bien changées ; les Basques armèrent à peine pour cette pêche dix-huit à vingt bâti-mens, tandis que les Hollandois en expé-dièrent plus de trois cent de toute gran-deur. Sur la fin du règne de Louis XIV, les Bayonnois armèrent encore douze à quinze bâtimens pour la pêche de la ba-leine (1).

Depuis cette époque, cette branche d'industrie est totalement tombée en France. Vers le milieu de ce siècle, le gouvernement fit quelques efforts pour rétablir la pêche de la baleine à Bayonne et à Saint-Jean de Luz. Il s'y forma une compagnie ou association ; mais les en-

____

(1) Dictionnaire du commerce de Savary, tome premier, pag. 55 et 804. État du commerce de l'Europe , aux articles *Bayonne* , et *pêche de la baleine*.

couragemens furent infructueux. Depuis la paix, le ministre de la marine a attiré à Dunkerque des Nantukois habitans d'une isle de ce nom, située près du Cap-Cod, à peu de distance de Boston, dans les Etats-Unis de l'Amérique. Ces insulaires sont pêcheurs heureux et intrépides de la baleine. Avant l'insurrection des Anglo-Américains, ils armoient jusqu'à cent trente-cinq bâtimens pour cette pêche (1). Les pêcheurs Nantukois, fixés à Dunkerque, depuis quelques années, ont obtenu, à titre d'encouragemens, cinquante livres par tonneau d'huile de baleine, ce qui forme une dépense annuelle de 170 mille livres.

Au moment de la révolution, il part de ce port quinze bâtimens pour la pêche de la baleine au Groenland et au Brésil; c'est à-peu-près le même nombre qu'on y envoyoit encore de France, à la fin du règne de Louis XIV: ainsi le produit, à

----

(1) Lettres d'un cultivateur Américain, tome II.

l'une et à l'autre époque, peut être évalué à environ 700 mille livres (1).

Quelque précaire que soit encore cette branche d'industrie pour la France, il y a tout lieu d'espérer qu'elle aura un jour quelque succès, par l'attention que l'on a, et l'obligation imposée aux pêcheurs Nantukois, établis à Dunkerque, de composer de matelots françois une partie de l'équipage de leurs bâtimens, partant pour la pêche de la baleine ; ce qui deviendra pour ceux-ci, une école qui les mettra à portée d'exploiter seuls par la suite le même commerce.

2°. PASSONS maintenant aux pêches *vicinales* pratiquées sur nos côtes, dans l'Océan et dans la Méditerrannée.

La pêche du hareng paroît avoir été connue en France dès le commencement du onzième siècle, suivant des titres authentiques qui en fixent l'époque à l'année 1030. Elle est la plus ancienne de

____

(1) Pièces justificatives : tableau numéro 2, lettre E.

toutes celles de l'Europe, et paroît avoir fleuri dès - lors dans les ports de la Manche, qui la cultivent encore aujourd'hui. Les guerres avec l'Angleterre, celles avec la maison d'Autriche, et même avec la plupart des puissances de l'Europe, armées contre l'ambition de Louis XIV, furent autant d'obstacles qui empéchèrent la pêche françoise du hareng de prospérer, autant que notre position et notre ancienneté dans l'exercice de ce genre d'industrie pouvoit le faire espérer (1).

A la fin du règne de Louis XIV, le produit de la pêche du hareng paroissoit s'élever à la somme de 12 cens mille livres (2), et au moment de la révolution,

____

(1) Prospectus d'un ouvrage ayant pour titre : *Tableau général des pêches européennes du hareng*, etc., par Simon Noel (de la Morinière) avocat, membre de l'académie-royale des sciences, belles lettres et arts de Rouen.

(2) C'est par induction qu'on fixe à cette somme le produit de la pêche du hareng en 1716. Les mémoires du tems recueillis dans le dictionnaire du commerce de Savary, tome premier, pag. 1598, présentent différentes données qui, rapprochées de

il monte à celle de 4 millions 300 mille livres (1).

La pêche du maquereau, celle de la sardine, dont les premiers établissemens sont dûs au surintendant Fouquet, qui la fit exercer à Belle-Isle, côtes de la Bretagne, vers le milieu du dix-septième siècle, enfin, la pêche des autres poissons (dernier article qui échappe en grande partie à l'évaluation), pouvoient, à la fin du règne de Louis XIV, s'élever, quant à leur produit en argent, à une somme au moins de 17 cents mille livres (2); et au moment de la révolution, le résultat de ces trois pêches ne peut pas être estimé au-dessous de 9 millions 300 mille livres (3).

---

semblables renseignemens obtenus à l'époque actuelle, conduisent à ce résultat.

(1) Pièces justificatives : tableau numéro 2, lettre E.

(2) Même observation qu'à l'égard de la pêche du hareng : dictionnaire du commerce du Savary, tome III, première partie, pag. 262, et seconde partie, pag. 41.

(3) Pièces justificatives : tableau numéro 2, lettre E.

Les avantages de la pêche sont généralement connus. Tous les produits sont de premier besoin pour l'homme. La vie la plus active, la dépense la plus économe, le courage le plus intrépide, la constance dans le travail : voilà les premiers capitaux avec lesquels les habitans des côtes maritimes parviennent à feconder cette branche d'industrie. Ils en recueillent de nouveaux moyens de subsistance ; différens poissons, après une préparation fructueuse, appellée *Sauraison*, deviennent d'une assez modique valeur pour être consommés par la classe utile et nombreuse du peuple.

Les huiles qu'on retire des poissons sont indispensables à l'apprêt des cuirs, genre d'industrie qui a plus d'un rapport avec l'agriculture.

Un autre point d'utilité, c'est le débouché offert à nos sels, principale denrée de consommation dans le commerce des pêches. Elle est estimée annuellement à 1 million de valeur, et profite à notre richesse territoriale, aussi bien que la consommation des eaux - de - vie, vins, bierre, cidre et biscuits de mer, pour la subsistance des équipages employés à la pêche lointaine. Toutes ces denrées, réunies aux ustenciles de pêches, et à quelques articles manufacturés, destinés pour les habitans établis aux isles Saint-Pierre et Micquelon, conposent une somme annuelle d'environ 4 millions.

Dans cette valeur, formant une partie des avances annuelles, faites pour la pêche, on ne comprend pas le prix de la construction des batimens pêcheurs, ou la dépense de leur équippement. Ces frais entrent chaque année dans ceux d'exploitation des pêches, pour la partie de ces matériaux, qui se détruit annuellement. Cet objet peut être difficilement apprécié, si ce n'est par des gens de l'art, et d'après un compte effectif, genre de précision qui n'est pas du ressort de l'arithmétique politique.

Il reste à faire valoir les avantages que retire la France des pêcheries nationales, envisagées sous le point de vue de

la force publique maritime. Cet apperçu
fera partie de tous ceux relatifs à la navigation extérieure de l'empire, qui doit
faire l'objet de la section suivante. Je
terminerai celle-ci en observant, que quelque soit l'état actuel des pêches françoises, il est à désirer de leur voir prendre de nouveaux accroissemens, non pas
tant pour nous mettre à portée de vendre
un superflu aux autres nations, que pour
les élever d'abord au niveau de nos propres besoins; car nous sommes tributaires
définitifs de l'étranger d'une valeur annuelle de plus de 3 millions pour différens produits des pêches; près de moitié
de cette estimation est due pour l'achat
des huiles de poissons.

SECTION

SECTION VI.

De la navigation, ou des bénéfices du fret.

LORSQUE les historiens nous parlent de 17 cent bâtimens armés, sur la fin du 12e siècle, par Philippe Auguste, contre le roi d'Angleterre; lorsqu'ils racontent l'expédition de Louis IX, pour la Terre-sainte, l'embarquement à Aigues-mortes, de 60,000 mille hommes, le départ de Chypre avec 18 cent vaisseaux, et qu'enfin ils font mention de la descente projettée en Angleterre par Charles VI, qui avoit rassemblé 1500 bâtimens, après le milieu du 14e siècle; on ne peut pas conclure de ces faits particuliers, qu'il existât alors une marine françoise permanente.

Tous ces armemens étoient des *coups de force* préparés à l'avance, et qui disparoissoient avec l'entreprise extraordi-

Tome II. B

naire à laquelle ils avoient été destinés.
D'ailleurs, la plupart de ces bâtimens,
disent les historiens, n'étoient que des
berges de côtiers, c'est-à-dire de grandes
chaloupes ou barques à trois mâts. Les
autres d'une plus grande capacité avoient
été empruntés aux Vénitiens, aux Gé-
nois et aux Pisans, et même pour l'expédition de Charles VI, aux Hollandois
et aux Zélandois, qui s'enrichirent par
le seul prix du frêt, qu'ils se firent *sage-*
ment payer d'avance (1),

Les foibles commencemens de notre
marine, soit commerciale, soit militaire,
car elles sont une conséquence l'une de
l'autre, ne remontent pas au de-là du
règne de Louis XIV, sous le ministère
de Colbert; mais son existence avoit été
préparée, soit par quelques dispositions
sages, soit par les fautes des règnes précédens qui firent naître l'expérience de

____

(1) Histoire de la puissance navale de l'Angleterre,
tome premier, pages 12 à 71.

Abrégé chronologique de l'histoire de France,
par le président Henault, tome premier, pag. 247.

son utilité, des calamités mêmes éprou-
vées par les peuples,

Henry IV semble être le premier qui ait appuyé d'un système réfléchi les fonde-mens qu'il essaya de jetter d'une marine françoise. Contre l'opinion de son ministre, et malgré les oppositions des parlemens, il ordonna en 1602, d'exiger sur les vaisseaux étrangers les mêmes droits d'ancrage auxquels ils avoient assujetti les nôtres. L'espérance d'obtenir une force navale en France, disparut au moment où commencèrent les regrets de la perte d'un si bon roi : sa mémoire devint encore plus chère, par le sentiment de tous les maux qu'engendra le règne suivant.

Le commerce maritime tomba dans un tel asservissement, que l'assemblée des notables de 1626, supplia le roi d'entretenir dans ses ports et hâvres des vaisseaux de guerre gardes-côtes en nombre suffisant pour purger la mer des pirates qui infestoient nos côtes. Sur la demande du parlement de Provence, le gouvernement se vit forcé dans le même tems, d'acheter 7 vaisseaux en Hollande, pour croiser dans la méditerrannée.

Le cardinal de Richelieu se fit bien nommer à cette époque sur-intendant du commerce et de la navigation : mais son titre n'empêcha pas les Anglois, en 1627, de piller nos vaisseaux ; et comme si le ridicule d'une fanfaronade pouvoit masquer toute l'impuissance du gouvernement, le premier ministre ordonna des réprésailles sur les navires anglois, tandis que nous n'avions pas une escadre à mettre en mer (1).

Le surintendant Fouquet combina de nouveaux moyens, en faveur de la marine françoise. Il établit en 1659, un droit de 50 sols, par chaque tonneau des bâtimens étrangers qui naviguoient dans nos ports. Ce droit étoit destiné à assurer la préférence aux navires françois exempts de ce droit, pour le transport des marchandises commercées avec l'étranger.

____

(1) Recherches et considérations sur les finances de France, tome premier, édition *in-quarto*.

Colbert perfectionna une si bonne disposition, en rédigeant l'ordonnance de 1681 qui, malgré les exceptions nombreuses et impolitiques faites à cette loi, sert encore de titre et de base pour la perception du droit de fret.

La différence du prix du marc d'argent, à l'époque de sa création, avec la valeur à laquelle il est monté vers le milieu de ce siècle, fit rendre en 1750, 1757 et 1765, différens réglemens qui portent à 5 liv. le droit de fret, primitivement de 50 sols par tonneau, tant sur les vaisseaux étrangers arrivant dans les ports de France, que sur ceux faisant le cabotage d'un port du royaume à un autre, sans changer de mer. Les mêmes réglemens fixèrent à 10 livres, la taxe sur les bâtimens étrangers, allant de l'Océan dans la Méditerranée, ou ceux partant de la Méditerranée pour l'Océan.

Examinons quelle influence a eu sur la marine françoise commerciale, une loi si sage : maintenue et perfectionnée, elle eût pu devenir pour la France, l'équivalent d'un acte de navigation.

Il est difficile de se faire une idée juste de notre navigation, à la fin du règne de Louis XIV. Les renseignemens de la nature de ceux recueillis actuellement dans le bureau de la balance du commerce, manquent pour cette première époque. Les mémoires du tems ne sont pas assez précis sur ce point. On y voit seulement que Colbert estimoit qu'en 1669, les François n'employoient pas plus de 600 bâtimens dans la navigation extérieure (1).

Notre commerce d'Amérique n'avoit pas alors une grande activité; mais à la fin du règne de Louis XIV, différentes notions font penser qu'il y avoit environ 100 navires occupés dans tous nos ports, au commerce des Indes occidentales (2).

____

(1) Recherches et considérations sur les finances de France, édition *in-quarto*, tome premier.

(2) Dictionnaire du commerce de Savary, tome premier. État général du commerce de l'Europe, ar-

En supposant qu'un demi siècle après le
tems où Colbert évaluoit à 600 navires
la navigation françoise chez l'étranger,
elle n'ait augmenté que d'un sixième, à
cause des contrariétés que des guerres
longues et ruineuses ont opposées dans
cette période au progrès du commerce
maritime, on pourroit évaluer, sans
crainte d'exagération ni de mécompte
important, à 800 bâtimens de 100 à
250 tonneaux, la totalité de ceux occupés à notre navigation commerciale, à la
fin du règne de Louis XIV.

Au moment de la révolution, il existe
en France plus de 1000 bâtimens de 250
tonneaux, l'un dans l'autre, employés
aux seuls voyages de long cours, tant aux
Indes orientales et occidentales, qu'aux
pêches de la morue et de la baleine.

Ce rapprochement est le seul qu'il me
soit possible de faire entre notre marine

----

ticle France, et histoire philosophique et politique
des établissemens et du commerce des européens dans
les deux Indes, tome VI.

B 4

commerciale, aux deux époques mises en parallèle. Mais pour apprécier la position actuelle de notre navigation en Europe, il suffira d'analyser le tableau du tonnage françois ou étranger, occupé au moment de la révolution, du transport des marchandises exportées de France.

L'exploitation du commerce maritime, par des bâtimens nationaux, préférablement à l'emploi des navires étrangers, présente deux points d'utilité publique d'une grande importance.

1°. Un grand nombre de tonneaux nationaux, occupés aux transports maritimes, suppose l'existence d'un certain nombre de matelots qui, en tems de guerre, deviennent les défenseurs de l'empire. On évalue en Angleterre six hommes par cent tonneaux. Mais pour avoir un résultat précis à cet égard, il faudroit constater au moment de la construction ou de l'achat des bâtimens, l'existence du nombre de tonneaux formant la force maritime commerciale d'une nation, et non pas composer ce résultat, d'après les déclarations de sortie des ports, qui n'indiquent que le mouvement de la navigation, et présentent même des doubles emplois dans le nombre de tonneaux, suivant que les voyages des bâtimens ont été plus ou moins fréquens. Cette méthode, comme l'on voit, ne peut donner de notions sur le nombre absolu ou effectif du tonnage françois, que par rapport aux navires occupés aux voyages de long cours, tels que ceux aux Indes orientales et occidentales, et aux pêches de la morue et de la baleine, pour lesquelles destinations les bâtimens ne font généralement qu'un voyage par année. A la vérité, les travaux de la balance du commerce, qui ont pour bases les livres des douanes, ne peuvent donner sur ce premier point, que des renseignemens incomplets; mais il est un autre genre d'utilité à retirer de ces mêmes travaux.

2°. Le transport des marchandises d'importation et d'exportation, par des bâtimens nationaux, préférablement à l'emploi des navires étrangers, entraîne des bénéfices considérables au profit des navigateurs qui s'occupent du voiturage maritime. Ces bénéfices augmentent la richesse nominale des peuples exercés à ce genre d'industrie. Ils forment ce qu'on appelle *profit du fret*, lequel se paye généralement sur un taux déterminé par chaque tonneau de mer, réputé de quarante-deux pieds cubes, ou de deux mille livres pesant.

Cette explication fait entrevoir la nécessité de constater l'universalité du tonnage de chaque nation, employé aux transports maritimes. Le nombre de voyages est même indispensable à enregistrer, si l'on veut connoître la part respective dans les bénéfices du fret, des différens peuples qui commercent ensemble. Ainsi, par exemple, si l'on énonce que notre commerce d'exportation avec l'Angleterre, exige au moment de la révolution le nombre de quatre-vingt-sept mille tonneaux de toutes les nations (1), et que l'on ajoute que sur cette quantité, il y a soixante seize mille tonneaux anglois, et seulement neuf mille tonneaux françois, outre deux mille tonneaux étrangers de toutes les nations, n'en concluera-t on pas que la Grande-Bretagne envahit sur la France dans leur commerce respectif, tous les bénéfices du fret? Ce n'est pas tout: un semblable résultat peut mener aussi à cette autre conséquence; savoir, que notre force navale retire huit fois moins d'avantages de notre commerce avec l'Angleterre, que celle-ci n'en reçoit pour l'accroissement de sa marine. Le nombre de soixante seize mille tonneaux qu'elle a occupés, n'est pas, à la vérité, plus effectif que celui des neuf mille tonneaux françois. Cependant, dans ce rapprochement, on découvre un fait incontestable, vigoureusement articulé, sur la foiblesse de notre navigation, comparée à la force de celle de la Grande-Bretagne.

---

(1) Pièces justificatives : tableau numéro 5, résultat lettre A.

De cet exemple particulier, passons à l'application générale des principes que nous venons d'établir.

Le commerce maritime d'exportation de la nation françoise, pour toutes les contrées de l'Europe (1), occupe au moment de la révolution cinq cent quatre-vingt mille tonneaux de toutes nations, et, dans ce nombre, il existe seulement cent cinquante-deux mille tonneaux françois (2); c'est environ le quart sur l'universalité de la navigation dans toutes les mers de l'Europe. Le désavantage est tel pour la France que sur les bénéfices du fret, qui, tant à l'importation qu'à l'exportation, ne peuvent pas s'élever au-dessous de 25 millions, nos navigateurs n'y prennent point part, au-delà de 8 millions.

Où sont donc les fruits de ces dispositions prises dès le commencement du

______

(1) En y comprenant les Levantins, les nations Barbaresque et les Anglo-Américains.

(2) Pièces justificatives; tableau numéro 5, résultat lettre A.

règne de Louis XIV, pour assurer la préférence aux nationaux, dans le transport des marchandises d'exportation et d'importation? Cette loi, sur le droit de fret, qui, maintenue et perfectionnée, pouvoit avoir le plus heureux effet, a été mutilée au moment où la marine françoise pouvoit en retirer quelques avantages.

La pacification d'Utrecht fut l'époque choisie pour abandonner notre navigation aux principales puissances maritimes de l'Europe. Les Anglois, les Hollandois, les Danois, les Suédois, les Hambourgeois, les Lubeckois et les Bremois obtinrent l'exemption du droit de fret, à l'arrivée de leurs bâtimens en France, ou à leur sortie de nos ports, soit par des clauses spéciales de ce pacte, soit par des articles des traités particuliers de commerce et de navigation, conclus immédiatement après avec quelques - uns de ces peuples. Cet avantage leur fut confirmé postérieurement ; et ce qui est à remarquer, c'est que vers le milieu de ce siècle, toutes les nations de l'Europe, à l'exception de plusieurs de l'Italie, de la Russie et de l'Empire, jouissoient de l'exemption du droit de fret, au moment où le gouvernement françois jugea indispensable de porter à 5 livres le droit de fret dont la première fixation étoit de 5o sols par chaque tonneau. Comment ne s'apperçut-il pas alors, que s'il étoit utile d'augmenter le droit de concurrence, en faveur de notre navigation, il étoit plus utile encore d'en faire payer la quotité ?

Cependant, depuis cette époque, les exemptions furent confirmées et même multipliées à l'égard des Allemands, Flamands, Autrichiens et Russes. Il y a mieux : la concurrence pour nos navigateurs étoit particulièrement à redouter de la part des puissances du Nord; cependant celles-ci furent favorisées, tandis que les nations du Midi, l'Espagne et Naples exceptées, demeurèrent soumises au paiement du droit de fret. Qu'est-il arrivé ? Nous avons conservé quelque avantage, dans notre navigation, dans le Midi; car, sur 167 mille tonneaux d'exportation, on compte

83 mille tonneaux françois (1), tandis que nous n'avons presque point de part dans la navigation du Nord, qui occupe cent onze mille tonneaux d'exportation, dont seulement neuf mille tonneaux françois (2).

On objectera sans doute la réciprocité accordée à la France pour sa navigation chez les mêmes puissances, où nos bâtimens sont vraisemblablement dispensées du payement d'un droit équivalent à celui de fret. Est-ce là un vrai systême de réciprocité que de tout abandonner pour ne rien obtenir ? Lorsque nos navigateurs ne peuvent pas lutter avec les étrangers dans nos ports pour le transport des denrées patrimoniales, pouvoit-ou espérer que nous obtienderions la préférence dans leurs marchés, pour voiturer leurs propres marchandises ?

On est fondé à croire que si le gouvernement avoit constamment considéré

---

(1) Pièces justificatives : tableau numéro 5, résultat sous la lettre A.

(2) *Idem.*

le droit de fret sur la navigation étrangère, comme le *palladium* de notre marine commerciale , elle eut fait plus de
progrès, depuis un siècle, que ne l'annonce sa part actuelle dans le tonnage d'exportation. Cette présomption approche
même de la certitude. Les principes sur le
payement de cette taxe , au cabotage d'un
port à l'autre de France , ayant été main-
tenus dans toute leur rigueur sur les navires étrangers , ceux-ci sont absolument
exclus de notre navigation intérieure. Son
mouvement entraîne l'emploi d'un million de tonneaux françois d'exportation ,
et on ne compte pas plus de six mille
tonneaux étrangers de toutes nations, quoique les Espagnols et les Napolitains soient
exempts du droit du fret au cabotage ,
en vertu du pacte de famille du mois
d'août 1761 (1).

---

(1) C'est une erreur accréditée que la part prétendue des étrangers dans le cabotage d'un port à
l'autre de France , soit dans l'océan , soit dans la
méditerrannée. Les faits recueillis pendant une série

Les

Les faveurs ou primes, accordées au mois de septembre 1784 à la navigation du Nord (2), ont provoqué des spéculations fructueuses, de la part de quelques associations, plutôt qu'elles n'ont été avantageuses à la marine nationale : il suffit d'un mot pour le prouver.

Les sacrifices pécuniaires, faits par le gouvernement, se sont élevés à 100 mille livres environ, pour les quatre années. Cette somme a été répartie sur quatre-vingt quatorze expéditions ou armemens pour les mers du Nord : soixante trois sont partis du port de Brest, et appar-

____

de plusieurs années depuis la dernière guerre, et consignée chaque fois dans les tableaux de la balance du commerce, doivent faire changer d'opinion : ils démontrent le peu de fondement de ce paragraphe du livre de l'administration des finances de France. *La navigation entre les ports de France, connue sous le nom de cabotage, étant exécutée en partie par la marine étrangère, ce fret formoit une autre dette de la France.* Tome II, chap. III.

(2) Voyez le chapitre VII de la première section de la seconde partie de cet ouvrage : *Du commerce du nord.*

tenoient à une société formée sous le nom de *Compagnie du Nord*. Ces navires sortoient de Brest sur leur *lest*, se rendoient à Hambourg, y chargeoient des bois de construction pour la marine royale, et revenoient à Brest avec leur chargement recevoir la prime.

Il est évident que les vues du gouvernement n'ont été remplies complettement que dans un point : la réalité de la dépense qu'il se proposoit de faire pour le commerce du Nord. En effet, ne sont-ce pas des succès bien assurés à notre commerce et à notre navigation, que l'armement de bâtimens qui partent de France sans aucuns chargemens, soit en sels, vins et eaux-de-vie, soit en sucre et café, dont les contrées du Nord font une si grande consommation ? Est-ce faire le *commerce du Nord*, que d'y aller pour n'y rien vendre ? Est-ce faire le *commerce du Nord* que de se rendre dans l'entrepôt de Hambourg, pour acheter de la seconde main les bois de construction ? Se livre-t-on *à la navigation du Nord*, en se bornant à fréquenter la mer d'Allemagne, au lieu de pénétrer jusques dans la mer Baltique, pour y enlever à leur origine tous les matériaux propres à l'équippement des navires françois?

Quelles ressources a donc la France pour entretenir une force publique maritime? Quels moyens lui restent-ils pour élever, instruire et multiplier la classe précieuse des matelots? Le *commerce d'Amérique*! ne l'oublions pas : le *commerce d'Amérique* ; ensuite celui du Levant, et des pêches nationales (1).

Les voyages de long cours, quelque soit leur objet, réunis à notre navigation dans les mers d'Europe, ne paroissent pas occuper plus de trois cent cinquante mille tonneaux françois, nombre effectif, en y comprenant même notre navigation au Levant, et le cabotage de nos bâtimens d'une Echelle à l'autre. Différentes données et combinaisons portent à croire que toute notre navigation extérieure n'em-

____

(1) Pièces justificatives ; tableaux numéro 5.

ploie pas beaucoup au-delà de cinquante mille matelots.

Quelle pénurie, en comparaison de la vaste opulence de l'Angleterre, relativement à sa force navale !

La Grande-Bretagne, dans son commerce extérieur d'exportation, occupoit en 1785, près de quatorze cent mille tonneaux, (nombre effectif, constaté par les mesurages des constructeurs), servis par plus de quatre-vingt-deux mille matelots : sa navigation intérieure étoit encore plus considérable. On assure qu'en 1789, le tonnage, employé à sa navigation extérieure, montoit à deux millions de tonneaux, nombre effectif ; ce qui, à raison de six hommes par cent tonneaux, d'après la supputation angloise, procure l'emploi de cent vingt mille matelots. Les étrangers ne prennent pas une part de plus de deux cent mille tonneaux dans le commerce d'exportation de l'Angleterre.

SECTION VII ET DERNIÈRE.

Des différentes branches du commerce extérieur foiblement exploitées par la nation françoise, et notamment des bénéfices de banque, d'entrepôt et de transit.

1°. DES BÉNÉFICES DE BANQUE.

JE comprends sous cette dénomination générique applicable au commerce extérieur, toutes les opérations qui dérivent de l'accumulation et de l'emploi des capitaux en argent, faits par une nation en particulier chez toutes les nations en général ; tels sont principalement :

Le change ou l'échange des titres de créance, sur des maisons de commerce dans toutes les parties du globe. Il donne, des *profits* aux peuples, qui, par la masse de leurs capitaux, et l'étendue de leurs affaires, peuvent saisir les variations de la *baisse* et de la *hausse* des créances, pour se les rendre propres, ou s'en désaisir à volonté :

Le crédit, l'acceptation ou la *commission* qui consiste à avancer à des correspondans solvables le prix des marchandises étrangères, soit en payant effectivement pour eux, soit en délivrant des promesses de payer à une époque fixe, moyennant une *provision* à la charge de celui auquel le crédit est accordé :

L'escompte, dont l'objet est de procurer aux négocians, suivant leur besoin, des valeurs réelles actuellement circulantes, en échange de valeurs conventionnelles destinées à être réalisées à époque fixe. Le bénéfice de l'escompteur consiste dans l'*agio* ou *remise* qu'il obtient sur le capital du titre dont il avance la valeur :

Le commerce des actions ou effets publics. Il s'exécute par le placement des capitaux, dans les fonds ou entreprises des nations étrangères. S'il s'agit d'un simple prêt, la nation emprunteuse

souscrit obligation de payer chaque année
un intérêt de tant par cent, soit à perpétuité, soit jusqu'au remboursement du
capital. S'il s'agit d'une entreprise, le propriétaire d'action obtient l'expectative
d'une part aliquote dans les bénéfices.

Enfin, *les assurances maritimes ou de
toute autre nature.* Elles prennent leur nom
d'un contrat ou d'une convention entre
l'assureur et l'assuré. C'est en quelque
sorte un pari contre la bonne ou la mauvaise fortune qu'on peut éprouver dans
un voyage par mer ou par terre, soit de la
part des élémens, soit de la part des conventions sociales, tant dans le régime ad-
ministratif intérieur des peuples, comme
les loix sur la contrebande des marchandises, que dans leurs rapports politiques
extérieurs, comme les déclarations de
guerre et les traités de paix. L'assureur
tient le pari contre les suites fâcheuses
de tous ces événemens envers l'assuré,
moyennant une prime payée par celui-ci,
à raison de tant pour cent, de la valeur
des choses soumises à ces événemens ; et

moyennant que leur prix sera remboursé
par l'assureur, si l'assuré vient à le perdre,
Le bénéfice net des assureurs consiste dans
la combinaison probable des conditions
auxquelles ils s'engagent, de manière que
la masse des primes qu'ils reçoivent excède la totalité des remboursemens auxquels ils sont tenus, en cas d'accidens.

Ces définitions seules suffisent pour
faire appercevoir que la France n'est pas
dans la position de se livrer à ces opérations, de façon à en retirer des bénéfices
importans. Cette puissance n'a pas une
masse suffisante de capitaux, pour ses
propres bésoins; elle n'est donc pas dans
la possibilité de les faire agir pour le
compte des étrangers. Si les négocians
font des spéculations de banque, c'est
parce qu'elles sont des conséquences de
notre commerce extérieur. Par exemple,
à l'égard du change, comme la nation
françoise est créancière de plusieurs puissances, et débitrice de quelques-autres,
ses négocians font circuler leurs titres de
créance dans les différentes places étran-

gères ; par rapport à la commission. S'ils
se chargent d'acheter pour le compte des
étrangers, ce sont généralement des marchandises nationales, et leurs bénéfices
sont compris dans la valeur de nos exportations.

Nos capitalistes spéculent sur les fonds
publics de la nation, et ne placent pas
chez les étrangers en même proportion
que ces derniers ont placé, jusqu'à présent, dans les finances de la France.
L'intérêt courant dans cet Empire, les
emprunts continuels et attrayans l'ont
soutenu à un taux supérieur à celui qui
existe chez les autres nations commerçantes. Enfin, le grand nombre d'emplois
utiles que peut offrir tout ce qui nous
reste à faire de progrès dans l'agriculture
et dans le commerce, sont autant de
circonstances, qui non-seulement absor-
bent ce que la France possède de capitaux;
mais elle y attire même ceux des étrangers qui ont un superflu, relativement
aux besoins de leur circulation intérieure

et de leur commerce extérieur de consommation et de revente.

La Hollande et l'Angleterre sont les
seules puissances de l'Europe qui, relativement à leur richesse nominale et à
l'étendue de leurs affaires de commerce,
retirent des bénéfices considérables en
faisant travailler des capitaux pour le
compte des étrangers. La France est
peut-être dans le même cas, seulement
par rapport à l'Espagne ; c'est-à-dire que
les avantages particuliers dont nous jouis-
sons chez cette puissance ont fait diriger une portion de nos capitaux vers cet
emploi lucratif : mais les bénéfices que
la France en retire ne peuvent vraisemblablement pas couvrir les sommes
dont elle est redevable, soit à la Hollande, soit à l'Angleterre, qui exploitent
à notre égard, avec étendue et succès,
les branches de commerce définies dans
ce paragraphe.

2°. Des bénéfices de l'entrepôt.

L'entrepôt dans son acception générale,

est un lieu de réserve où l'on dépose des marchandises qui viennent du DEHORS. Suivant l'objet que le gouvernement a en vue, et les conditions qu'il impose en permettant ce dépôt, il reçoit dans le langage économique des dénominations différentes.

S'il s'agit des marchandises importées de l'étranger avec exemption des droits de douanes, faveur qui a lieu à l'égard de certaines espèces, attendu leur destination ultérieure pour quelque commerce exploité par la nation françoise, celui d'Afrique par exemple, le dépôt dans la ville maritime où se fait le débarquement s'appelle *entrepôt des marchandises pour Guinée.* S'il est question des denrées d'Amérique mises en dépôt à leur arrivée, avec la faculté de pouvoir les en faire sortir pour l'étranger, sans payer aucuns droits, cette formalité *d'enmagasinage,* se nomme, *entrepôt des marchandises des isles.* Enfin, s'il est question de celles provenant du commerce françois dans l'Inde, dont la consommation n'est pas permise en France, le dépôt, jusqu'au moment de la réexportation à l'étranger, reçoit la dénomination d'*entrepôt des marchandises de l'Inde.* Dans tous ces cas, ce sont des dispositions auxquelles se soumettent les négocians, pour jouir des faveurs accordées par des loix commerciales, dispositions combinées de manière que les marchandises qui sont l'objet d'une faveur ne puissent pas être employées à une autre destination que celle proposée, et ne pas entrer frauduleusement dans la consommation nationale. L'espèce d'entrepôt dont il s'agit ici, n'est point applicable, comme les précédens, à une certaine classe de marchandises, préférablement à l'autre. Celui-ci embrasse généralement tous les articles qui entrent dans le commerce des nations, et qui sont importés dans des ports ou villes frontières de telle ou telle puissance, non pas pour entrer dans sa consommation, mais afin d'y rester en dépôt, jusqu'à ce qu'ils en repartent pour aller approvisionner tel ou tel peuple étranger.

Le commerce de la Hollande est établi particuliérement sur cette base. Ce pays est le marché général où se rendent toutes les marchandises du sol et de l'industrie des peuples commerçans. Elle leur en distribue du Nord au Midi de l'Europe, les produits ; suivant leurs besoins. L'Angleterre n'a pas un commerce d'entrepôt si étendu ; mais une disposition de ses tarifs est infiniment favorable à cette branche d'industrie. Elle accorde une restitution de partie des droits qu'elle a perçus à l'entrée de ses ports, sur les marchandises étrangères, lorsqu'elles sont réexportées de la Grande-Bretagne. Par cette facilité, cette nation multiplie les moyens de sa navigation, en laissant sortir librement de ses havres, et en voyant presque toujours embarquer sur des navires anglois des cargaisons qui ne sont pas grévées de droits onéreux pour leur séjour en Angleterre.

La France n'a point fait de disposition générale pour le commerce d'entrepôt, avant Colbert. Ce ministre, lors de la

réforme des tarifs en 1664, accorda aux
négocians la faculté d'entreposer les marchandises étrangéres dans nos villes maritimes, pour en être réexportées sans
payer de droits. Cette faveur confirmée
par une déclaration de 1670, fut révoquée en 1687, par une clause spéciale
de l'ordonnance de cette année sur les
droits de traites. Depuis ce tems, la faculté de l'entrepôt a été restreinte aux
seuls ports francs de Dunkerque, Bayonne,
et Marseille, situés au Nord, à l'Occident
et au Midi de la France. Ces ports, en
vertu de leur existence particulière, quant
aux droits de traites, peuvent recevoir
librement les marchandises étrangéres qui
y sont admises en franchise, et en sortent
pareillement sans payer aucuns droits.

Au moment de la révolution, ce commerce d'entrepôt, ou plutôt la masse des
marchandises étrangères importées en
France, particuliérement dans les ports
francs, et qui ont été réexportées en Europe, semblent former un objet d'environ 36 millions de valeurs en deux

classes (1) : 1º. pour 21 millions , en produits de l'agriculture étrangère, principalement en laines d'Espagne, d'Italie,
cotons du Levant, eaux-de-vie de vins d'Espagne, eaux-de-vie de grains et de génièvre,
bleds, farines, grains et graines de toute
sorte, huiles d'olive, tabacs en feuilles,
drogues du Levant pour la teinture et
la médecine, et autres articles de moindre importance; 2º. pour 15 millions en
marchandises de l'industrie étrangère ,
comme toileries, mousselines, tableaux,
estampes, librairie, merceries, meubles,
papiers, cuirs apprêtés, verres à vîtres,
et autres articles de moindre importance.

Les bénéfices de l'entrepôt consistent
dans le droit de commission accordé aux
négocians chargés de faire passer les marchandises étrangères d'une puissance à
l'autre. Ils ne forment pas pour la France
un objet très-important. Il est d'ailleurs
bien difficile d'en donner une évaluation

____

(1) Pièces justificatives ; état récapitulatif numéro 9.

même approximative; car, les profits sont plus considérables à raison de différentes circonstances qui se confondent et ne peuvent être séparément constatées. Par exemple, ces bénéfices sont plus forts, lorsque l'importation des marchandises étrangères dans un des ports francs et leur réexportation, ont lieu de la part de nos négocians pour le compte des étrangers, et quand nous en avançons le prix aux consommateurs européens, comme dans le commerce du Levant : dans ce dernier cas, les profits de l'entrepôt s'accroissent du montant *des provisions* du crédit accordé par nos négocians à leurs correspondans étrangers.

Quoiqu'il en soit, une des branches du commerce d'entrepôt qui seroit des plus lucratives pour la France et qui y est absolument négligée, ce seroit l'entrepôt des marchandises navales, en bois de construction, chanvres et métaux. Ces articles ne marquent point dans ceux d'origine étrangère, réexportés. Cependant, si nos principaux ports étoient autant

tant

tant de dépôts de munitions navales, destinées à en approvisionner les étrangers, il résulteroit pour nous, de l'abondance de ces matériaux, et des profits que nous ferions sur les frais de dépôt, un moindre prix sur ces matières employées dans la construction et l'équippement des navires françois. On a vu dans la section précédente, comment a échoué le projet du gouvernement, de fonder une navigation françoise dans les mers du Nord. Un des points qu'il vouloit obtenir, étoit d'établir dans les ports de France l'entrepôt des marchandises navales importées des contrées septentrionales de l'Europe. Il fixe, à cet effet, par l'article II de son réglement, du mois de septembre 1784, un terme de six mois, pour que les matériaux apportés du Nord sur des vaisseaux françois puissent être réexportés par mer à l'étranger, sans payer aucuns droits.

En formant le vœu de voir abonder dans nos marchés les marchandises navales propres à la construction et à

l'équippement des navires, on n'es-
père pas que les constructeurs françois
puissent travailler pour le compte des
étrangers, en leur vendant des navires
sortis de nos chantiers : nous avons une
concurrence trop redoutable à éprouver
de la part des Hollandois, des Anglois,
des Américains libres et des peuples
du Nord ; mais il suffiroit que cette
branche d'industrie, la construction des
navires, pût fournir à nos besoins, de
manière que la diminution sur le prix
des matières premières influât sur les
frais de construction, et par contre-coup
sur la valeur du fret. Tous nos efforts
doivent tendre à ce but, non-seulement
afin de parvenir un jour à nous affranchir
du tribut que nous payons aux étrangers,
pour la construction des navires que nous
leur achetons, mais encore pour nous
mettre en état de faire par la suite toute
la navigation que comporte notre position
et notre existence doublement avanta-
geuse, comme puissance maritime, et
comme nation propriétaire d'une masse

de denrées d'un grand encombrement, tels que les produits de notre territoire et ceux du sol de nos colonies.

Ce succès s'obtiendra-t-il en maintenant le privilège des ports francs, ou en étendant l'entrepôt à toutes les extrémités de l'empire ? Je m'arrête ici, parce que c'est une grande question, que le comité d'agriculture et de commerce de l'assemblée nationale a proposé de livrer à l'opinion et à la discussion publiques; en même tems que celle sur le plus ou moins d'utilité et d'inconvénient de l'adoption du *transit* à travers la France, qui doit faire la matière du paragraphe suivant. Le comité s'est abstenu jusqu'à présent de proposer aucun projet de loi, sur ces deux branches de l'industrie françoise (1).

____

(1) Rapport fait à l'assemblée nationale au nom du comité de commerce et d'agriculture sur la suppression des droits de traites perçus dans l'intérieur du royaume, etc. par M. Goudard, député de la ville de Lyon.

D 2

3°. Des bénéfices du transit.

Dans la régie des traites ou des douanes nationales, et d'après le système en pleine activité au moment de la révolution, on donnoit improprement le nom de *transit* à la faculté accordée à certaines marchandises nationales ou coloniales de traverser le royaume, pour se rendre dans les marchés européens, en exemption de tous droits de sortie de France. On l'appeloit *la faveur du transit*, parce que les marchandises, dans ce cas, au moyen de bulletins, ou *acquits à caution*, dont elles étoient accompagnées, franchissoient gratuitement les barrières locales, qui obstruoient la circulation intérieure de l'empire (1).

Il existe encore une autre espèce *de transit* qui se rapproche davantage du véri-

---

(1) Les principales denrées des Colonies Françoises de l'Amérique, les sucres des raffineries nationales, les marchandises de l'Inde, celles du Levant, les savons de Marseilles, les étoffes et ouvrages de nos fabriques, entroient dans cette législation *du transit*.

table sens qu'on doit attacher à ce mot pris dans le rapport du commerce extérieur. *Ce transit* consiste dans le passage libre accordé aux marchandises et denrées expédiées par Dunkerque, pour les provinces Belgiques et le pays de Liège; et reversiblement. Il s'applique également au passage qui a lieu à travers la Lorraine, les trois Évêchés et l'Alsace. Dans ce dernier cas, *le transit* établit une circulation de marchandises sur le territoire de France et sur celui de l'étranger, qui rappelle la véritable nature de ce commerce. C'est celui qui fait l'objet de ce paragraphe. La seule position géographique de la France semble l'avoir destinée à exploiter utilement cette branche d'industrie. Placée au milieu de nations commerçantes, elle en rapprocheroit les territoires, en se rendant l'intermédiaire de leurs communications respectives. C'est cette nature de *transit* qui faisoit fleurir l'agriculture de l'intérieur du royaume, dans les douzième, treizième et quatorzième siècles, époque de la célébrité des foires de Champagne. « Les marchandises y venoient de toutes les parties de l'Europe, et la grande consommation qu'elles procuroient, encouragea le cultivateur par une vente plus prompte et plus facile, et anima le négociant dont elle grossissoit la fortune, et enrichit l'ouvrier en augmentant son salaire (1) ».

Du tems de Colbert, il ne fut pas aussi nécessaire d'animer le commerce de la France par des immunités foraines; mais il fut toujours indispensable de vivifier l'agriculture des provinces intérieures qui sont exposées à languir, loin des débouchés ouverts aux parties maritimes et frontières de l'empire. Ce ministre accorda en effet un *transit* à travers le royaume aux marchandises étrangères. Cette faveur, qui faisoit le profit de l'agriculteur et du commerçant, fut révoquée en même tems que *l'entrepôt*. On avoit

____

(1) Mémoire sur l'état du commerce intérieur et extérieur de la France, depuis la première croisade jusqu'au règne de Louis XII.

déja oublié, dit l'auteur des recherches et considérations sur les finances de France, « les soins de Colbert, pour établir ces entrepôts, et ces transits si utiles à nos navigateurs, à nos voituriers, à la consommation des fourrages et de nos denrées, enfin, aux commerçans dont ils étendent les correspondances, et auxquels ils valent des commissions de passage ».

Les bénéfices que peut procurer cette branche du commerce extérieur, sont absolument nuls pour la France, au moment de la révolution, puisque la prohibition, mise vers la fin du siècle dernier, subsiste encore aujourd'hui, à l'égard du *transit*, ou du passage sur notre vaste territoire des marchandises étrangères, pour se rendre dans d'autres marchés européens.

La troisième partie de cet ouvrage étant destinée spécialement à comparer ou balancer l'influence qu'ont eue sur la richesse publique des principales sections de l'empire, les progrès des différentes branches

du commerce françois depuis ce siècle,
j'y réunirai quelques observations sur ceux
d'*entrepôt* et de *transit*. Je préparerai ainsi
des matériaux qui pourront servir à éclair-
cir la discussion, lorsque dans les prochai-
nes législatures, on balancera l'utilité
avec les inconvéniens d'encourager, en
France, l'exploitation de ces deux branches d'industrie.

TROISIEME PARTIE.

*Considérations générales sur les principes
et les faits relatifs à la Balance du
Commerce de l'empire françois.*

Le développement, donné aux rapports
généraux du commerce françois, dans
toutes les parties du globe, a dû prouver
que par-tout les succès de nos relations
extérieures, au moment de la révolution,
tiennent à trois objets principaux : à la
vente des productions de notre sol en vins
et eaux-de-vie, au débouché des ouvrages
de nos manufactures, et au débit de nos
denrées de nos isles d'Amérique en sucre
et café.

Cette dernière branche d'exportation est
non-seulement bien supérieure à la faveur
qu'obtiennent séparément les deux premières dans les marchés européens ; mais

elle est encore le mobile de l'agriculture
et de l'industrie françoise, depuis la fin
du règne de Louis XIV, jusqu'au moment
de la révolution.

Le résultat en argent du commerce
extérieur de la France, ou le solde dû
par les nations étrangères pose donc sur
cette base principale, les denrées des isles
françoises d'Amérique. La part dévolue
dans ce solde, soit aux agriculteurs, soit
aux manufacturiers françois, soit comparativement aux différentes sections de
l'empire, est très-inégale, et dépend de
leur concours plus ou moins actif dans
l'exploitation du commerce étranger direct
ou indirect.

Le commerce étranger direct doit s'entendre des ventes faites immédiatement
aux nations européennes par nos agriculteurs et nos manufacturiers. Tels sont,
par exemple, les vins de Champagne destinés pour l'Angleterre, ou les étoffes de
soie de Lyon, sortant pour l'Allemagne.

Le commerce étranger indirect est celui
qui résulte des exportations aux isles fran-

çoises d'Amérique, faites par nos agriculteurs et nos manufacturiers. Tels sont
les vins de Bordeaux, ou les toiles de
Rouen, qui seront payés par les Colons
en sucre et en café, dont la vente faite
ultérieurement à l'étranger remboursera
le prix des avances aux agriculteurs de la
Guyenne, et aux fabricans de Normandie.

Dans l'un et l'autre cas, d'un commerce
direct ou d'un commerce indirect, les sections du royaume qui s'y livrent obtiennent une part quelconque de la balance
en argent du commerce extérieur.

En exploitant même le commerce d'A-
frique, on arrive au même résultat, à
la vérité, par un double détour; mais il
a le même effet que le commerce d'Amérique : car, les eaux-de-vie de Cette et les
Indiennes de Nantes sont données en
Guinée pour des esclaves, lesquels sont
ensuite échangés en Amérique, contre des
sucre et café, qui, rapportés en France,
dans les ports de l'Océan et de la Méditerrannée, y seront enlevés par les consommateurs étrangers. Ces derniers rembour-

seront donc définitivement aux agriculteurs et aux manufacturiers du Languedoc et de la Bretagne, les avances qu'ils ont faites pour le commerce d'Afrique.

Lorsqu'on veut rendre l'étude de la balance du commerce aussi profitable qu'il est possible, et contribuer aux progrès de la science administrative, il ne suffit pas de montrer qu'en général la France reçoit une *balance en argent*, pour résultat de son commerce extérieur; et que telle ou telle puissance paye ou touche définitivement le solde; mais il importe encore de s'assurer, au moins approximativement, comment se répartit entre les principales sections de l'empire, *cette balance en argent.*

On a posé, dans la première partie de cet ouvrage, les principes qui ne permettent pas de considérer comme un avantage illusoire, l'obtention de cette *balance en argent* pour la France, soit qu'on veuille considérer la nation comme une puissance à territoire étendu, qui a besoin d'immenses capitaux pour animer, sur toute sa surface, la reproduction de son revenu annuel, et même en reculer successivement les bornes au niveau des progrès de sa population, soit qu'on l'envisage comme puissance consommatrice de matières d'or et d'argent, pour alimenter quelques branches du commerce extérieur, tels que ceux des Indes orientales et du Levant, ou pour suffire à la masse considérable de ces contributions en argent, et aux besoins extraordinaires d'impôts nécessités par le système politique, militaire, et belligérant des peuples modernes de l'Europe.

Je chercherai donc à suivre la direction des principaux canaux que parcourt, dans l'intérieur de la France, *la balance en argent* ; ou pour parler plus clairement, je tacherai de faire connoître comment se répartit, proportionnellement, entre les sections de l'empire, la masse des matières d'or et d'argent, que fait entrer annuellement dans le royaume le commerce extérieur de la nation françoise.

Les réflexions doivent porter d'abord

vers les deux branches entre lesquelles se divisent naturellement le travail d'un peuple :

Les produits de l'industrie des campagnes, ou l'AGRICULTURE ;

Les produits de l'industrie des villes, *ou les* MANUFACTURES.

Quant aux productions de l'agriculture de la France, leurs débouchés dans les marchés extérieurs sont aujourd'hui de 121 millions de valeur, et ils n'étoient, à la fin du règne de Louis XIV, que de 38 millions, monnoie actuelle (1) ; ce qui annonce une augmentation de plus des deux tiers, au moment de la révolution.

Par rapport aux produits des manufactures, les ventes extérieures sont évaluées aujourd'hui à 185 millions, et seulement à 49 millions à la fin du règne de Louis XIV (2). La progression est de

----

(1) Pièces justificatives : tableau, numéro 2, lettre F.

(2) *Idem.*

près des trois quarts, en faveur de l'époque actuelle.

Quoi qu'en apparence l'industrie des villes paroisse faire des avances beaucoup plus considérables que l'industrie des campagnes, pour participer dans le commerce extérieur à la *balance en argent*, il est à présumer cependant que les manufacturiers obtiennent une moindre part que les agriculteurs ; car dans la valeur des 185 millions d'articles fabriqués, il faut en déduire tous les prix des matières premières des ouvrages, prix qui seront remboursés , soit aux étrangers qui fournissent la laine et la soie , soit aux agriculteurs nationaux qui livrent à nos manufacturiers le lin , le chanvre, etc.

Quelques soient les différens points de vue sous lesquels on veuille envisager ces deux résultats comparatifs de l'industrie des campagnes, avec l'industrie des villes, en déduisant de cette dernière branche ce qui doit appartenir à la première, on sera surpris que dans un commerce d'ex-

portation de plus de 540 millions (1)
l'agriculture françoise n'obtienne tout
au plus, qu'un débouché de 130 millions,
en y comprenant même le prix des matières qu'elle fournit, et qui sortent fabri-
quées, manufacturées ou ouvragées.

Mais en pénétrant plus avant dans l'analyse des ventes extérieures du royaume, on
aura plus d'un autre sujet d'étonnement.

Pour apprécier les sources de prospérité
d'une nation à territoire étendu, il ne faut
pas l'envisager exclusivement en masse.
En effet, chaque partie principale d'un
vaste territoire procure aux habitans qui
le peuplent un degré d'avantage plus ou
moins considérable, suivant sa position
géographique, et l'influence qu'elle reçoit
du système d'administration adopté pour
tout l'Empire.

Ces influences de la localité, ou des
dispositions administratives, sont particulièrement sensibles par rapport aux avan-

---

(1) Pièces justificatives. Tableau, numéro 2,
lettre F.

tages

tages que peut procurer le commerce extérieur ; voici pourquoi :

La richesse des nations modernes dépend de deux causes également efficaces ;
1º. d'un débouché facile , constamment
ouvert aux produits du travail ; 2º. de
l'abondance des capitaux , agent nécessaire de la reproduction. Or l'effet de ces
deux causes est plus ou moins sensible et
plus ou moins actif dans telle ou telle
portion de l'empire françois. Ces causes
agissent différemment dans les sections
maritimes , dans celles des frontières, et
enfin dans les parties intérieures de la
France.

LES SECTIONS MARITIMES , par la facilité
des communications extérieures , par la
modicité des frais de transport , jouissent
d'avantages inexprimables pour l'exploitation du commerce étranger , et même
pour celui des côtes étendues de la France
sur l'Océan et la Méditerrannée ; voilà le
fruit de la localité. Celui que les sections
maritimes retirent du système d'administration provient des dépenses de la marine

Tome II.   E

d'un grand état : elles y versent perpétuellement des capitaux abondans, qui fortifient et étendent les transactions commerciales.

LES SECTIONS DES FRONTIÈRES retirent une
autre espèce d'avantage du système d'administration, par les dépenses militaires
qu'occasionne le séjour des troupes et
l'entretien des fortifications. Elles sont
d'ailleurs le point de réunion ou le lieu
d'entrepôt des marchandises qui s'expor-
tent par terre à l'étranger. Ainsi, les frais
de roulage et de commission versent dans
ces seotions des profits particuliers, qui,
réunis aux dépenses militaires, entretiennent des capitaux propres à féconder les
branches d'industrie susceptibles d'exploitation.

LES SECTIONS INTÉRIEURES du royaume
ne jouissent pas ou du moins ne jouissent
que très-foiblement de ces avantages.
Abandonnées absolument à leurs propres
ressources, elles sont réduites à se former des débouchés vers l'étranger, à force
de dépenses destinées à percer des routes,

et à ouvrir des canaux. Cependant l'augmentation de leurs capitaux ne peut s'opérer que par le commerce extérieur, ou par des moyens secondaires, en concourant avec les autres sections du royaume à l'approvisionnement de la capitale, et en se disputant une foible portion des métaux précieux qui coulent perpétuellement vers le centre d'un grand empire.

Je démontrerai le désavantage de ces deux positions pour les départemens de l'intérieur du royaume, lorsque j'aurai indiqué que dans cette division des rapports internes de notre commerce extérieur, on a classé distinctement les ci-devant genéralités de Lyon et de Paris.

Celle de Lyon (1) est l'entrepôt du commerce du Midi de la France. Elle est en même tems le comptoir des capitalistes et négocians génévois et suisses. Son industrie qui d'ailleurs est considérable, notamment en étoffes de soie ou

---

(1) Actuellement le département du Rhône et Loire.

E 2

enrichies d'or et d'argent, lui ouvre un débouché constant chez l'étranger, et particulièrement en Allemagne : ce qui lui procure une part importante dans la balance du commerce extérieur. Toutes ces circonstances entretiennent dans cette partie de la France l'abondance des capitaux qui, dans l'ordre de la richesse publique, la placent dans une classe particulière.

La ci-devant géneralité de Paris (1) a également une part directe, quoique moins forte que la précédente, dans la balance du commerce extérieur ; mais la capitale étant le centre du gouvernement d'un grand empire, en même tems que le séjour le plus habituel des riches propriétaires, capitalistes, voyageurs et rentiers de toutes les classes, voit affluer par tous ces canaux les matières d'or et d'argent.

La division de la France en cinq classes

_____

(1) Actuellement les départemens de Paris, de l'Oise, de Seine et Oise, et de la Seine et Marne.

de sections, dans lesquelles viennent se
fondre les ci-devant provinces du royaume,
paroîtra sans doute une opération infiniment simple, et elle se présente naturellement à quiconque réfléchit sur la
situation de la fortune publique de la
nation françoise; mais on n'a jamais été
à portée de constater la disproportion
étonnante qui existe dans la part qu'obtient chacune de ces sections dans l'u-
niversalité du commerce extérieur d'exportations (1).

En voici l'apperçu.

Sur une valeur de 364 millions en
marchandises exportées, somme répartie

___

(1) La nouvelle division de la France en départemens apporte quelques changemens dans cette
classification en sections maritimes, sections frontières et sections intérieures; mais la différence n'est
pas sensible dans les résultats, parce que généralement, les départemens se trouvent être des subdivi
sions plus ou moins multipliées des arrondissemens
connus précédemment sous le nom de généralités.
On a indiqué dans les tableaux élémentaires numérotés 6, 7 et 8, les rapports qui existent entre l'an
cienne et nouvelle division de la France.

entre les agriculteurs, les manufacturiers, les négocians, les capitalistes, les
navigateurs, les voituriers, les commissionnaires et autres agens françois de nos
ventes patrimoniales dans toutes les parties du globe (1) :

____

(1) Pièces justificatives : état récapitulatif numéro 9, et tableaux élémentaires numéros 6, 7 et 8.

Voici comment est formée cette somme de 364
millions.

Total des produits du sol et de l'industrie de la France .... 3o4,746,000.

Montant des bénéfices du fret au profit des navigateurs françois employés au commerce extérieur et des Colonies, au moins 3o,000,000.

Idem. des bénéfices résultans du cabotage de port en port du royaume .... 11,797,000.

Idem. des bénéfices résultans des consommations des étrangers gens de mer, par évaluation .... 1,000,000.

Profits pour frais d'entrepôt de commission, et les dépenses du roulage des marchandises coloniales et étrangères qui sont réexportées, environ 16,457,000.

État récapitulatif numéro 9, et résumé lettr. A du même numéro.

Total égal, 364,000,000 l.

Les sections maritimes du royaume y participent pour 228 millions (1);

Les sections frontières pour une somme de 77 millions (2);

Les sections intérieures pour la foible valeur de 11 millions (3);

La ci-devant généralité de Paris y prend part pour 18 millions (4);

Enfin celle de Lyon pour 29 millions (5).

Le désavantage des sections intérieures de la France est donc énorme dans l'exploitation du commerce extérieur, puisqu'elles n'y participent que pour une valeur de 11 millions, sur celle totale de 364 millions ; mais ce qui achève de démontrer leur nullité dans cette source de la richesse publique , c'est que la ci-devant généralité de Tours

---

(1) Pièces justificatives : état récapitulatif numéro 9 , et tableaux élémentaires numéros 6 , 7 et 8.

(2) *Idem.*

(3) *Idem.*

(4) *Idem.*

(5) *Idem* : état récapitulatif numéro 9 , et résumé lettre A du même numéro.

E 4

qui comprenoit la Touraine, le Maine et l'Anjou (1), fait partie de cette division, et que le débouché qu'elle obtient séparément est de plus de 6 millions (2); ensorte que cette dernière somme distraite, il n'existe plus dans celle de 364 millions, formant la valeur de nos exportations patrimoniales, qu'une part de 5 millions à la formation de laquelle a concouru l'industrie de 4 millions 610 mille habitans, peuplant 5,603 lieues quarrées du territoire de la France (3).

---

(1) Je suis forcé de me servir le plus souvent des anciennes dénominations de la division de la France comme plus familières au plus grand nombre des lecteurs, dont l'attention est déja fatiguée par la citation fréquente des calculs qui forment indispensablement la base de cet ouvrage.

(2) Pièces justificatives : tableau élémentaire numéro 8.

(3) J'ai suivi les calculs du tableau sur la population annexé au livre de l'administration des finances de France. Voyez au surplus : pièces justificatives, note troisième, et tableaux comparatifs, numéro 15, lettre A.

La conséquence que je prétends tirer de cet exposé est aussi juste que le fait est incontestable. Comment est-il possible que les peuples des sections intérieures, avec si peu de moyens pour participer à la balance du commerce extérieur, puissent satisfaire, avec la même facilité que les sections maritimes et frontières, au payement des contributions en argent?

La privation d'un accroissement annuel de matières d'or et d'argent, a dû tourner en supplice la progression successive des impôts, qui, au moment de la révolution, se trouve pour ces sections intérieures, monter à 127 millions (1); tandis que la totalité de leurs contributions ne s'élevoit à la fin du 17 siècle, qu'à environ 69 millions, valeur actuelle (2).

----

(1) Même observation pour les contributions dont j'ai puisé le résultat dans la même source. Pièces justificatives ; tableaux numéro 15 , résumés lettre B.

(2) Mémoires des intendans rédigés sur la fin du

Les peuples qui habitent le centre de la France ont, donc aujourd'hui besoin d'une quantité presque double de matières d'or et d'argent, pour satisfaire à leurs contributions pécuniaires ; et ils n'ont de moyens directs, pour augmenter annuellement cette masse, par la *balance en argent,* que la somme de 11 millions, pour laquelle ils concourent au montant des 364 millions d'exportations patrimoniales pour toutes les parties du globe. Il est même bon de remarquer que ces 11 millions ne sont pas un bénéfice *net* pour les habitans de ces contrées de la France, qui n'accroissent pas de cette somme leurs capitaux : car s'ils vendent à l'étranger pour cette foible valeur de marchandises de leur sol et de leur industrie ils consomment certainement en échange quelques articles étrangers que le territoire ou l'industrie de la France

---

siècle dernier, par ordre de Louis XIV, pour l'instruction du duc de Bourgogne. Pièces justificatives, note troisième, et tableaux num. 15, résumés lettre B.

ne fournissent pas du tout, ou au moins qu'ils ne donnent pas en assez grande abondance pour notre consommation générale. Les marchandises dans ce cas, et qui sont de premiers besoins, sont par exemple les fers, les cuivres, l'étain, les instrumens aratoires qui viennent particuliérement d'Allemagne, le charbon de terre, les drogueries et épiceries, tous articles pour lesquels nous sommes annuellement tributaires de l'étranger.

Ce premier désavantage qu'éprouvent les sections intérieures du royaume, dans les moyens qui leur sont offerts de payer annuellement une masse considérable d'impôts en argent, est suivi d'un autre préjudice aussi funeste à leur prospérité.

Le gouvernement, en pompant pérpétuellement les foibles capitaux que ces contrées se procurent, soit directement par leur modique commerce extérieur, soit indirectement par les canaux secondaires du commerce intérieur, ôte aux peuples méditerrannés, toute faculté d'ad'améliorer leur situation, en reculant successivement les bornes de la reproduction du revenu annuel de leur territoire et de leur industrie. La disette des capitaux ne leur permet point de faire les avances nécessaires pour percer des routes et creuser des canaux qui faciliteroient le transport des denrées, et donneroient par la consommation une valeur aux produits obtenus, soit de la perfection de l'agriculture, soit des défrichemens et des desséchemens entrepris sur leur territoire.

Il est évident que cette situation pénible, douloureuse même, qui jusqu'à présent a été en quelque sorte inhérente aux sections intérieures de la France, telles que le Berry, l'Auvergne, le Limosin, la Marche, le Nivernois, le Bourbonnois, etc. est ressentie plus ou moins par différens districts des sections maritimes ou frontières, suivant qu'elles ont une étendue plus ou moins grande de marais à dessécher et de landes à défricher, et suivant encore qu'elles sont éloignées ou privées

de communications faciles , soit extérieures, soit intérieures. Mais les habitans
de ces régions peuvent plus facilement
refluer vers les lieux de leur arrondissement, qui offrent plus de débouchés à
l'industrie : le commerce extérieur y ré-
pand d'ailleurs de proche en proche une
certaine activité et quelque aisance ; le
sort des peuples de ces sections maritimes ou frontières est donc infiniment
moins désavantageux, toutes considérations pesées, que celui des habitans des
sections intérieures du royaume, conti-
nuellement tourmentés *par le besoin de
faire de l'or*, soit pour satisfaire à leur
cotisation de l'impôt, soit pour suffire
aux subsides extraordinaires d'une guerre
dont l'objet est souvent le maintien d'une
branche du commerce extérieur auquel,
pour ainsi dire, ils ne participent point.

Cette torture politique, effet de la localité des sections intérieures , n'est
point adoucie par l'influence du système
d'administration, qui reverse sur toute
la surface de l'empire, par les dépenses

publiques, la masse des contributions annuelles.

On a vu que la cotisation personnelle aux sections intérieures, s'élevoit aujourd'hui à 127 millions. Cependant, sur le montant des dépenses publiques, qui se sont portées en 1788, jusqu'à 633 millions, ces sections du centre, ne peuvent pas avoir obtenu au-delà de 33 millions (1).

____

(1) Suivant le compte publié par le gouvernement en 1788, les dépenses publiques de toute nature, compris les rentes et remboursemens,

se sont élevés à . . . . . . 633,239,000 l.

La part proportionnelle de chaque section principale du royaume paroît être comme il suit, d'après un travail ou dépouillement particulier auquel je me suis livré, et dont les détails seroient aussi ennuyeux pour les lecteurs qu'inutiles pour les conséquences à tirer des résultats.

Maritimes	130,751,000.
Frontières	82,461,000.
Intérieures	34,161,000.
de Paris	219,333,000.
de Lyon	10,095,000.

Sections ou ci-devant généralités.

Total égal, 633,239,000 l.

Sommes employées hors du royaume . . . . 96,829,000.

Idem. dont la destination fixe n'est pas connue . . 59,609,000.

A la vérité, il leur reste pour dernière ressource l'approvisionnement de la capitale qui, avec son arrondissement, prenoit avant la révolution, une part de 219 millions dans la masse générale des dépenses publiques.

Mais d'un côté, le prix en argent des denrées de première nécessité, le bled, par exemple, est considérablement baissé dans ce siècle. J'en offre pour preuve le tableau de son prix, aux marchés de Paris et de Rosoy en Brie, qu'on peut regarder comme les principaux du royaume, eu égard à la grande consommation à laquelle ils sont obligés de fournir; le prix moyen du septier de bled, mesure de Paris, et de première qualité, vendu soit au marché de Rosoy en Brie, soit à la halle de Paris, se trouve être de 28 liv. pour les 73 années du règne de Louis XIV, et seulement de 20 livres, depuis la fin de ce règne jusqu'au moment de la révolution. Ainsi les sections intérieures du royaume, dont une partie de la richesse consiste en grains, ont obtenu, dans cette dernière époque, plus d'un tiers de moins en argent, d'une semblable quantité de grains, que dans l'époque précédente: et cependant le gouvernement a exigé pour leurs contributions une quantité de ce métal presque double de celle qu'elles payoient à la fin du dix-septième siècle (1).

---

(1) Pièces justificatives : tables comparatives, numéro 16, du prix du bled depuis 1643, jusques et y compris 1788.

Peut-être objectera-t-on que la cause de la diminution dans le prix du bled, depuis ce siècle, provient des récoltes constamment plus abondantes en quantité de grains, effet nécessaire de l'état de tranquillité intérieure qu'a éprouvé le royaume comparativement au siècle dernier ; mais cette explication ne seroit entièrement satisfaisante, et propre à détruire les conséquences que j'ai tirées de la diminution du prix du bled, que dans la supposition que l'impôt se préleveroit en nature. Alors, en effet, une plus grande quantité de grains récoltés compenseroit facilement une plus forte demande de contributions en nature de fruits ; mais lorsque ces contributions sont exigées en argent, les propriétaires cultivateurs voyent doubler les difficultés de satisfaire à l'impôt toutes les fois que

D'un

D'un autre côté, les sections intérieures éprouvent dans l'approvisionnement de Paris la concurrence de celles maritimes et frontières. En effet, la Normandie et la Champagne y contribuent pour le moins avec autant de succès que l'Auvergne, le Limosin, la Marche etc., provinces séparées encore de Paris par les barrières fiscales, qui, dans l'ancien système des traites intérieures, multiplioient les obstacles aux communications entre le centre du royaume et ses différentes parties. D'ailleurs l'avantage qui peut résulter pour les départemens du centre, en approvisionnant Paris des denrées de première nécessité, est balancé et peut-être de beaucoup diminué par l'obligation où ils ont été d'y verser le montant des rentes foncières, et le prix des baux payés à leurs riches propriétaires, qui

____

diminue la valeur échangeable en argent, de leurs denrées, tandis qu'on leur augmente la portion métallique qu'ils doivent verser annuellement dans le trésor public.

séjournent, soit à la cour, soit dans la capitale. Joignons-y comme un autre préjudice, le jeu des emprunts, et celui des loteries, moyens si perfectionnés dans ce siècle de soutirer le numéraire des provinces, pour le faire séjourner constamment dans la capitale, où d'oisifs intriguans s'en disputent perpétuellement une portion.

Enfin les seuls moyens offerts aux sections intérieures d'augmenter peu-à-peu leur numéraire, consistent dans les relations qu'elles entretiennent avec les départemens limitrophes plus avantageusement situés, soit vers la mer, soit vers la frontière, et conséquemment plus avancés de quelque dégré dans leur fortune publique. Cette foible masse de capitaux, obtenus par des moyens secondaires et même éventuels, ne peut jamais être en proportion avec le besoin dont sont poursuivies les sections intérieures de la France d'amasser un numéraire suffisant, soit pour payer annuellement une masse considérable de

contributions en argent, soit pour fournir
aux subsides extraordinaires, et subvenir
encore à la réproduction du revenu annuel, et même en reculer les bornes de
manière à favoriser l'accroissement de
leur population.

CONCLUSION

DE CET OUVRAGE.

LA nation françoise, depuis la fin du règne de Louis XIV, jusqu'au moment de la révolution, a fait incontestablement des progrès marqués dans son agriculture et dans son industrie considérés en général. L'aisance des peuples a dû être la suite nécessaire de ces succès, et leur multiplication une conséquence. En effet, la population totale de la France s'est élevée de 20 millions d'habitans à plus de 24 millions, ce qui présente une augmentation pour l'époque actuelle, au delà du cinquième (1). Mais toutes les

---

(1) Extraits des mémoires des intendans, rédigés à la fin du siècle dernier. Leurs calculs sur la population ont été rapprochés de ceux que présentent la

parties de l'association françoise n'ont pas recueilli des avantages égaux de la fortune publique améliorée presque uniquement par le commerce extérieur. Les sections du centre ont dû même ressentir des influences fâcheuses de l'accroissement trop rapide dans la richesse des sections maritimes.

---

livre de l'administration des finances de France sur le même objet.

Voici comment se divise la population du royaume à l'une et l'autre époque.

	Lieues quarrées.	Fin du dix-septieme siecle. Mémoires des Intendans.	Quelques années avant la révolution. Livre de l'admin. des financ. de France.
	lieues.	Habitans.	Habitans.
Sections ou généralités Maritimes.	10,538.	8,775,000.	10,186,000.
Frontières y comp.			
la Lorraine . .	7,848.	4,383,000.	6,132,000.
——Intérieures. . .	6,991.	4,995,000.	5,949,000.
——De Paris. . . .	1,157.	1,577,000.	1,782,000.
——De Lyon. . . .	416.	363,000.	634,000.
	lieues.		
TOTAUX. . . .	26,950.	20,093,000.	24,677,000.

Voyez au surplus : pièces justificatives, note troisième, & tableaux comparatifs, numéro 15. Résumés, lettre B. Données générales, lettre D. Résultats généraux, lettre E.

Celles-ci, dont la prospérité est fondée, au moment de la révolution, principalement sur le commerce d'Amérique, obtenant successivement de nos isles des quantités considérables et toujours progressives de sucre et de café, dont la consommation étoit de plus en plus recherchée par les nations européennes, recevoient en échange des matières d'or et d'argent qui, converties en numéraire, animoient la circulation et la reproduction sur leur territoire (1). En effet, le numéraire réel qui montoit au plus à 800 millions à la fin du règne de Louis XIV, s'est élevé progressivement à 2 milliards, jusqu'au moment de la révolution (2). La capitale, centre du mouvement du corps politique, vit en même

____

(1) Consultez sur la progression de notre commerce les tableaux généraux des importations et des exportations de la nation françoise depuis 1716 jusqu'en 1788 inclusivement, sous les numéros 10, 11, 12, 13 et 14.

(2) Pièces justificatives ; note quatrième, et tableaux comparatifs, numéro 15, lettre D.

tems augmenter son opulence, soit par la progression dans les impôts de consommation qui, de toutes les parties de l'empire, affluoient dans le trésor public, soit par la multiplicité et l'étendue des fortunes particulières, dont on venoit jouir au milieu des arts et des plaisirs.

Le gouvernement saisissant ces résultats généraux de la prospérité publique, continua plus que jamais ses prodigalités, et satisfit l'avidité de tous ses agens. Pour y suffire, il créa sans cesse de nouveaux impôts qui, depuis le commencement du siècle, montèrent successivement de 260 millions valeur actuelle, jusqu'à 568 millions (1). Les contributions générales plus que doublées, furent moins onéreuses aux sections maritimes, qu'elles ne devinrent à charge aux peuples des sections

-----

(1) Les mémoires rédigés par les intendans, sur la fin du siècle dernier, ont été dépouillés en ce qui concerne les contributions publiques de chaque généralité. Les calculs que j'ai obtenus ont été rectifiés ou augmentés à quelques égards. Voici les résultats

intérieures. Ceux-ci ne jouissant pas des
mêmes moyens d'augmenter rapidement
leur numéraire par le commerce extérieur sentirent douloureusement s'appe-
santir sur eux, et sans proportion avec
leurs facultés, une partie du poids des
nouveaux impôts. Leur cotisation, à la
fin du dix-septième siècle, étoit de 13 liv.
10 sols environ, valeur actuelle, par tête
d'habitans, et elle s'est élevée dans ce

de cette opération, rapprochés des données qu'offre
sur le même objet le livre de l'administration des
finances de France.

	Fin du dix-septième siècle. Mémoires des intendans.	Quelques années avant la révolution. Livre de l'administration des financ. de France.
Sections ou généralités maritimes. . .	97,232,000 l.	200,600,000 l.
—Fr. y comp. la Lorr.	54,208,000	106,900,000
—Intérieures. . . .	69,300,000	127,000,000
—De Paris.	31,236,000	114,500,000
—De Lyon.	8,771,000	19,000,000
Totaux.	260,747,000 l.	568,000,000 l.

Voyez au surplus : pièces justificatives, note troisième, et tableaux comparatifs, numéro 15, lettre B.

siècle successivement, jusqu'à 20 livres par chaque individu (1).

D'un autre côté, les guerres dispendieuses pour tout le corps de la nation, avoient un intérêt plus marqué pour les sections maritimes ou frontières, qui exploitent particulièrement le commerce extérieur: elles pouvoient, par l'extension de ce commerce au retour de la paix, obtenir un dédommagement des subsides extraordinaires qu'elles avoient payés pendant la durée de la guerre. Quelle espèce d'avantage pouvoient retirer de semblables contributions les sections intérieures qui demeuroient privées de leur numéraire sans retour ni compensation? Toutes ces circonstances contribuoient donc à les appauvrir de plus en plus, et à les dépouiller de leurs foibles capitaux indispensables à l'exploitation de leur commerce intérieur.

Quelque funeste qu'ait dû être un semblable ordre de choses pour les départe-

---

(1) Pièces justificatives : tableaux comparatifs, numéro 15, lettre C.

mens du centre du royaume, je ne prétends
pas conclure que leur position soit déter-
riorée de ce qu'elle étoit à la fin du règne
de Louis XIV; car elles ont participé,
ainsi que les autres sections, sans doute
dans une moindre proportion, à l'accroissement successif survenu dans la population générale de la France, depuis le
siècle dernier (1). Mon intention est de

____

(1) Suivant les calculs relatifs à la population de
la France à la fin du dix-septième siècle, tirés des
mémoires des intendans, et rapprochés de ceux qui
se trouvent sur le même objet dans le livre de l'administration des finances de France, il paroîtroit que
la population des principales Sections du royaume,
à l'une et l'autre époque , seroit comme il
suit.

Sections ou ci-devant généralités	Population par lieue quarrée à la fin du dix-septième siècle.	Population par lieue quarrée quelques années avant la révolution.	Excédent à la dernière époque.
	Habitans.	Habitans.	Habitans.
Maritimes. . . .	832.	966.	134.
—Frontières y compris la Lorraine.	583.	781.	198.
—Intérieures. .	714.	850.	136.
—Paris.	1363.	1540.	177.
—Lyon.	875.	1522.	647.

Il faut observer que malgré que la progres-

faire remarquer que le système suivi par
le gouvernement jusqu'au moment de
la révolution a dû retarder, autant qu'il

---

sion dans la population des sections maritimes soit
numériquement aujourd'hui moins considérable que
celle présentée dans le même tableau pour les sections
intérieures, il est certain cependant que pour obtenir ce résultat d'augmentation dans les sections
maritimes, il a fallu constamment dans le cours
de ce siècle, un plus grand nombre de naissances
que dans les sections intérieures, attendu la grande
consommation d'hommes qu'entraînent les voyages
& les occupations maritimes.

L'augmentation dans la population de la ci-devant
généralité de Lyon, actuellement le département du
Rhône et Loire, offre une proportion bien étonnante
en faveur de l'époque actuelle. Ce résultat seroit-il
produit par quelques omissions importantes dans le
dénombrement fait par l'intendant à la fin du siècle
dernier, quoique son mémoire soit à cet égard un
de ceux qui présentent les faits les plus positifs ? Ou
bien cet accroissement de population est-il purement
et simplement l'effet de l'amélioration de l'agriculture, de l'industrie et du commerce dans cette partie
de la France depuis ce siècle ? Je n'entreprendrai pas
cette discussion ; mais j'observerai que le rapprochement des contributions de la ci-devant généralité de
Lyon, à l'une et l'autre époque, offre une augmentation pour l'époque actuelle, dans la même propor-

est possible , l'amélioration de la fortune publique des peuples méditerrannés de la France. Quelque soit la part qu'ils aient pris dans l'aisance générale éprouvée par la nation depuis ce siècle , cette part n'est en aucune manière comparable à l'état de prospérité qu'ont éprouvé les sections maritimes ou frontières par l'exploitation du commerce extérieur.

Mon but est encore de faire observer que les sections intérieures eûssent fait plus de progrès dans leur agriculture et leur industrie , si le gouvernement eût mieux connu quel système de comnerce convenoit à une nation à territoire étendu. Tous les encouragemens, primes et exemptions des droits d'*exportation* accordés depuis ce siècle , s'appliquoient à la vérité au produit de toutes les parties du territoire ou de l'industrie de la France ; mais si

---

tion remarquée pour la population de cet arrondissement. Voyez au surplus : pièces justificatives , note troisième : tableaux comparatifs , numéro 15 , lettre C.

ces faveurs étoient suffisantes pour faciliter les débouchés dans les marchés extérieurs, des produits de l'agriculeure et de l'industrie des départemens maritimes et frontières, il falloit des sacrifices d'un autre nature, pour amener des effets utiles aux peuples des départemens intérieurs.

Le gouvernement auroit fait un acte de justice, en même tems qu'il eût montré d'excellentes vues d'administration, s'il eût ordonné que toutes les fois qu'une somme quelconque seroit prise sur les contributions générales de la France, pour être appliqué à l'amélioration de telle ou telle branche du commerce maritime, celui des côtes d'Afrique, par exemple, il seroit destiné une semblable somme pour ouvrir des routes et creuser des canaux du centre du royaume à sa circonférence.

Au moyen de cette disposition, les provinces intérieures qui contribuoient pécuniairement au succès du commerce d'Afrique, quoiqu'elles ne dûssent en retirer aucun avantage marqué, auroient obtenu au moins un dédommagement du surcroît d'impôts , et de la perte d'une portion de leur numéraire. Par-là , elles auroient vu s'étendre le débouché des denrées de leur sol ou des ouvrages de leur industrie ; par-là , elles auroient repompé de nouveaux capitaux jusqu'à concurrence de leur perte, et pour une partie précieuse de leurs besoins. Enfin , par cette sage distribution d'encouragemens commerçiaux , propres à favoriser également par tout le développement de la fortune pubilque , l'activité auroit été conservée aux extrémités de l'Empire ; mais le centre , au lieu de demeurer dans la langueur , auroit participé au mouvement et à la vie que le commerce doit communiquer à toutes les parties du corps politique.

Le commerce du TRANSIT , qui, depuis la mort de Colbert, ne subsiste plus en France , s'il eût été rétabli , auroit pu également diminuer , pour les sections intérieures , une grande partie des inconvéniens résultans de leur foible portion dans *la balance en argent* du commerce étranger ; mais la crainte de nuire aux manufactures nationales, en laissant traverser le royaume aux produits de l'industrie étrangère, n'a pas permis, jusqu'à présent, de saisir ce moyen de vivifier les départemens du centre de l'Empire.

On a vu dans la dernière section de la seconde partie de cet ouvrage les avantages qui étoient résultés pour l'agriculture des provinces intérieures de la France, du mouvement, du voiturage et des bénéfices de commission, occasionnés par le passage des marchandises étrangères qui se rendoient de tous les points du royaume aux foires de Champagne, lors de leur célébrité, jusque vers le milieu du quinzième siècle. Le Berri, qui, au moment actuel, est une des parties de la France des plus languissantes, florissoit au tems de ces foires, avant qu'elles fussent transférées à Lyon, vers 1445. « Bourges étoit alors un des entrepôts du royaume le plus considérable ; mais depuis, le commerce de Lyon s'est accru de ses débris (1)».

Le moment est-il venu d'employer les mêmes moyens pour animer la reproduction dans les départemens intérieurs? J'ai établi l'utilité de cette disposition : je laisse à d'autres à en discuter les inconvéniens, et à en démontrer sur-tout la disconvenance par rapport à l'intérêt général. Pour moi, comme par ma position, je suis plus à portée d'être l'historien du commerce que je ne suis appellé à en être le législateur, je me bornerai à observer que le rétablissement du commerce du TRANSIT entraîneroit celui de l'ENTREPÔT, et cette nouvelle branche d'industrie, la situation géographique de la France est un sûr garant qu'elle pourroit l'exploiter avec profit.

Cette dernière partie du commerce extérieur, seroit singuliérement favorable aux sections du royaume limitrophes du territoire étranger. Cette considération n'est point à négliger ; car les départemens des

----

(2) Procès-verbal de l'assemblée provinciale du Berri, année 1783.

frontières

frontières étant exposés, en tems de guerre, à toutes les calamités qu'entraînent les entreprises des armées ennemies, il est important de les faire jouir, pendant la paix, de tous les avantages de leur position, pour réparer les pertes auxquelles ils sont exposés accidentellement.

Il n'est pas possible de considérer les principaux préjudices qui résultent pour les sections intérieures de la France de leur pénurie en numéraire, causée par leur foible participation dans la *balance en argent* du commerce extérieur, sans chercher si par quelques dispositions d'administration, on ne pourroit pas en diminuer la fâcheuse influence. C'est particulièrement à leur égard, que le mode de l'impôt territorial en nature seroit un bienfait. On a envisagé, depuis la révolution, cette question d'une manière générale, et en étendant cette discussion à l'universalité des départemens, il semble, par les faits précédemment développés que le choix ou l'alternative du mode de la contribution territoriale en nature, préférablement , ou en concurrence avec l'impôt en argent , seroit un acte de justice envers des peuples méditerrannés , qui prennent une si modique part dans l'accroissement annuel des métaux précieux apportés par le commerce étranger, et qui cependant ont vu presque doubler , depuis ce siècle , le montant de leurs contributions. Ce seroit peut-être un des moyens les plus efficaces de retenir dans leurs foyers, et d'attacher aux occupations rurales ces essaims d'auvergnats et de limosins qui courent toute la France , émigrent vers la capitale, voyagent même jusqu'en Espagne , pour y récolter une foible portion de numéraire qu'ils reviennent partager avec leur famille, après en avoir séparé *la grosse part du fisc.*

Dans le vaste tableau que je viens de tracer du commerce françois, j'ai fait remarquer les branches d'industrie absolument abandonnées, et celles qui sont foiblement exploitées; j'ai montré comment différentes parties avoient reçu trop exclusivement des encouragemens pécuniaires, qui tournoient entiérement à l'avantage des sections maritimes ou frontières, tandis que les contrées intérieures de la France, n'avoient presque point participé aux sacrifices faits, depuis un siècle, en faveur du commerce étranger. J'ai développé à cet égard d'importantes et sérieuses vérités. Quel ennemi de la raison et du bien public, pourroit me reprocher les laborieuses recherches qui m'ont conduit à d'utiles conséquences? Mes concitoyens auroient-ils moins de courage pour entendre ces vérités, qu'il ne m'a fallu de persévérance pour en constater l'existence? Pourquoi s'allarmeroit-on de voir peser, sans partialité, dans LA BALANCE DU COMMERCE, les intérêts variés de l'agriculture et des manufactures, ou les grands profits des entreprises maritimes, comparés aux modiques débouchés, offerts aux produits de l'industrie des peuples méditerrannés? N'a-t-on pas vu sans découragement s'ouvrir à la face de toute l'Europe le gouffre qui

avoit englouti les contributions immenses
levées sur la nation ? N'a-t-on pas apperçu
sans effroi, l'abîme creusé par une dette
de plus de 4 milliards, et par un déficit
annuel de 56 millions? Le comble du
désordre et la force même employée
pour essayer de le perpétuer, n'ont-ils
pas accéléré notre régénération politique,
dont le premier effet sera de nous procurer un système de finance mieux réfléchi, soit dans le mode de contributions,
soit dans la répartition proportionnelle
aux facultés, soit enfin dans une meilleure organisation du trésor national.?

Le moment actuel est donc essentiel-
lement marqué, tant par la nature des
choses, que par notre intérêt même,
pour sonder en même tems toutes les
plaies faites à la France par l'ancien régime; et l'on doit d'autant mieux espérer
de voir promptement cicatriser celles
faites à notre commerce, que dans le
sein de l'assemblée nationale, il existe
un comité de citoyens éclairés qui combinent avec sagesse et maturité, tous les

moyens d'amélioration, en faveur de l'industrie françoise, et qui font servir à leurs utiles travaux, les leçons de l'expérience appliquées aux principes d'une savante théorie (1).

Il ne leur sera pas échappé sur-tout, que l'un des plus grands obstacles opposés jusqu'à présent aux progrès de notre commerce en général, a été le défaut de système, soit pour en embrasser nettement toutes les parties, soit pour en suivre avec constance tous les développemens. Les contrôleurs-généraux des finances qui avoient en même-tems la conduite du commerce, partageoient la courte durée de leur vie politique entre le besoin de remplir le trésor public et leur empressement à le vider. Depuis la fin du règne de Louis XIV jusqu'au moment de la révolution, le savoir ministériel s'est à-peu près borné à disperser 26

---

(1) Voyez plan des travaux du comité d'agriculture et du commerce, présenté à l'assemblée nationale, le 8 mai 1790.

milliards (1), à nous faire perdre de vastes possessions en Amérique et de riches comptoirs en Asie : et l'on cherche en vain sur toute la surface de la France un seul de ces établissemens destinés à fertiliser et à vivifier des contrées entières, à faire la gloire d'un siècle, l'admiration des étrangers, et l'étonnement de la postérité (2).

Si, à quelques époques, on a trouvé comme par hasard, au timon des finances et du commerce, quelques hommes doués d'un esprit étendu, qui réunissoient aux lumières, le vif desir de voir prospérer également toutes les parties de l'empire, il leur étoit impossible de concevoir un plan général d'amélioration, en demeurant personnellement privés des moyens d'exécution qui pouvoient en assurer le succès. Il n'existoit pas de centre com-

____

(1) Pièces justificatives : note deuxieme et carte générale, numéro 14, lettre B.

(2) La confection des routes sous le règne de Louis XV a eu lieu généralement par corvées.

mun ou vinssent aboutir tous les documens positifs destinés à préparer les loix
commerciales ; on ne connoissoit pas de
moteur universel capable d'en assurer
par-tout l'exécution. D'un côté, les consuls François correspondoient *exclusivement* avec le département de la marine ;
d'un autre côté, les ambassadeurs dans
les cours communiquoient *uniquement*
avec le ministre des affaires étrangères.
Celui des finances et du commerce se
trouvoit donc réduit à ses seules ressources, et elles étoient insuffisantes,
lorsqu'il s'agissoit d'opérations relatives
aux principales branches de notre industrie.

Dans le nouvel ordre de choses, la
direction des finances paroît devoir être
confiée à des ordonnateurs particuliers ;
mais le bien public réclame en même-
tems un ministre qui soit uniquement
et spécialement chargé de l'agriculture
du commerce et des arts (1). L'établisse-

____

(1) L'opinion publique paroît se diriger vers

ment d'un semblable département seroit
un bienfait, parce que tous les détails de
cette grande administration, en venant
se réunir dans un seul point, augmente-
roient le foyer des lumières. Le ministre
du commerce rassembleroit ainsi, dans
un dépôt général, tous les élémens susceptibles d'être classés dans les archives
du commerce. Non-seulement ces élémens, suivant leur nature, serviroient à
préparer et à motiver les loix commerciales ; mais ils seroient encore destinés
à suivre, à déterminer et même à calculer les effets de ces loix, de manière à
offrir à chaque session des législatures
suivantes, le tableau complet et raisonné
de la situation progressive, stationnaire,
ou rétrograde des différentes parties de
l'industrie françoise.

Le ministre du commerce influeroit
sensiblement sur ses progrès par le régime
doux, mais efficace, qu'il employeroit

---

cet objet : voyez gazette nationale ou le moniteur
universel, du premier décembre 1790, numéro 335.

pour faire exécuter suivant l'esprit de la
constitution les décrets relatifs à son
département. Un ministre du commerce
doué d'une activité réfléchie et soutenue,
entretiendroit une correspondance lumi-
neuse avec tous les corps administratifs,
les consuls, les ambassadeurs ; il rece-
vroit avec empressement, et apprécieroit
avec discernement les réclamations des
agriculteurs, des manufacturiers et des
négocians de toutes les classes, et cher-
cheroit ainsi à maintenir *la* BALANCE DU
COMMERCE , dans un parfait équilibre.
Enfin il seroit le dépositaire des décou-
vertes de tous les genres, et en reportant
chaque année le fruit de sa propre expérience au comité chargé de préparer les
loix de l'assemblée nationale, ce ministre
seroit en quelque sorte la sentinelle po-
sée par le corps législatif, pour veiller
à tous les instans sur la fortune pu-
plique.

Je crois avoir suffisamment indiqué
dans le cours de cet ouvrage , soit par
l'exposé des principes et des faits com-

merciaux, soit par leur application à la situation politique de la France, COMMENT ET JUSQU'A QUEL POINT LA NATION FRANÇOISE S'EST ENRICHIE DEPUIS CE SIECLE, JUSQU'AU MOMENT DE LA RÉVOLUTION. J'aurai obtenu de ces travaux économiques le succès que tout citoyen philosophe doit ambitionner le plus, s'ils peuvent contribuer à fixer l'attention publique sur les grands intérêts du COMMERCE NATIONAL.

QUATRIEME PARTIE.

PIECES JUSTIFICATIVES.

NOTES ET TABLES RAISONNÉES,

Sur le commerce et la navigation, la population, le produit territorial et de l'industrie, le prix du bled, le numéraire, le revenu, la dépense et la dette publiques de la France à deux époques :

LA FIN DU REGNE DE LOUIS XIV,

ET

LE MOMENT DE LA RÉVOLUTION;

AVEC LA VALEUR

De nos importations et exportations progressives depuis 1716, jusqu'en 1788 inclusivement.

NOTE PREMIERE.

Nécessité des connoissances positives sur les diverses branches de l'économie politique. Motifs d'accorder toute confiance aux renseignemens sur le commerce de la nation françoise, recueillis et combinés pour former les bases de cet ouvrage (1).

Dans l'enfance des sociétés, les rapports qui existoient entre les membres d'un même canton étoient aussi bornés que leurs besoins. La sûreté de l'individu contre les hostilités d'un voisin bouillant, la disposition pleine et entière des fruits de la terre assurée aux colons laborieux contre les tentatives du citoyen indolent, pour

---

(1) Voyez pièces justificatives : tableaux de différente nature, numérotés depuis 1 jusqu'à 13 inclusivement.

s'approprier gratuitement sa subsistance : tels furent d'abord les objets simples, confiés à la sollicitude des chefs de l'association ; alors les moyens d'exécution étoient faciles ; les causes qui donnoient naissance à des contestations ou à des risques s'étoient développées sous les yeux de ces chefs ; ils avoient pu observer quelles passions animoient chaque acteur de la peuplade qu'ils gouvernoient ; ils interrogeoient, en quelque sorte, les caractères, et s'aidoient au moins, dans leur jugement, d'une expérience personnelle.

Un autre genre d'obstacles étrangers aux passions des hommes vient il s'opposer à la prospérité de la Colonie ? La nature, dans ses vastes opérations, dérange-t-elle les combinaisons de cette poignée d'humains ; les champs dévastés, par exemple, au moment inopiné de la récolte, font-ils craindre la privation des subsistances : c'est alors que les chefs de l'association agricole dûrent développer de nouvelles ressources. Témoins réfléchis, pour la première fois, d'un événement aussi funeste qu'imprévu, ils supportent tout le poids de l'inexpérience ; mais ils cherchent à préserver les générations futures d'un semblable malheur, Ils déposent sur un monument plus durable que la vie humaine la mémoire de cette calamité, et ses circonstances ; et déja leurs successeurs reçoivent des leçons de gouvernement étrangères à leur propre expérience.

Ce n'est pas tout : la succession des événemens amène autour de cette Colonie d'autres associations d'un caractère disparate. Les uns, d'humeur belliqueuse, sont toujours prêts à conquérir leurs subsistances ; les autres, paisibles et industrieux, combinent les matières qu'offre leur territoire, et en variant les alimens et les vêtemens, par la préparation, procurent à la peuplade du centre de nouvelles jouissances qui y sont avidement goûtées ? Ici commence à se compliquer le mécanisme de la société. Les chefs ne peuvent plus appliquer leur propre expérience à diriger la Colonie vers sa plus

grande prospérité; au milieu d'une foule
de rapports créés par de nouveaux intérêts
et de nouveaux besoins, il faut s'éclairer
les observations d'autrui. Des membres
de l'association se livrent exclusivement
à l'étude des faits; la mémoire ne peut
bientôt plus suffire à classer tous les événemens dont il importe de ne pas perdre
le souvenir; la tradition pourroit d'ailleurs
les dénaturer : mais à l'aide de signes
convenus, et au moyen d'établissemens
publics, on perpétue dans des archives
nationales les élémens de la science administrative.

La sorte d'expérience, dont ne peut se
passer après quelques années d'existence
d'une prospérité progressive, cette poignée
d'hommes, occupant quelques centaines
de toises, sur la surface du globe, une
nation de vingt-six millions de citoyens,
peuplant vingt-six mille lieues quarrées,
peut-elle la négliger après plus de deux
mille ans d'une civilisation connue, et au
milieu d'une complication d'intérêts internes et externes, dont les fils nombreux
doivent

doivent échapper à ceux qui tenteroient de s'engager, sans secours, dans les principales routes de l'économie politique?

Quelque soit le système qu'embrasse telle ou telle association d'hommes; qu'elle veuille fonder sa prospérité uniquement sur l'agriculture, ou qu'elle entreprenne d'élever sa puissance sur les bénéfices d'un commerce extérieur, qui transporte au-dehors le superflu des ouvrages manufacturés et des produits agricoles : il est dans la nature des choses, qu'aussi-tôt que cette association voudra être régie par des loix distinctes de celles qui gouvernent des peuplades ou des nations voisines, elle trace des lignes de démarcation qui fixent les bornes où finit son territoire (1).

____

(1) Cette théorie se confirme dans ce moment par la conduite d'une peuplade de l'Amérique, qui marche vers la civilisation. « Toutes les terres situées » dans l'étendue de notre souveraineté, seront distinguées à perpétuité et à jamais, par borne et » limite ». Article premier de l'acte d'association de la nation sauvage des Onéida, peuple de l'Amérique septentrionale. Gazette nationale, du 27 juillet 1790, numéro 208.

Bientôt l'expérience conduira ce peuple à placer sur ces lignes des postes de surveillance qui s'opposent à l'envahissement d'aucune portion des limites. Un peu plus tard, il appercevra que des agens résidant aux extrémités de l'empire, témoins des faits généraux qui composent les liaisons commerciales entre la patrie et les nations voisines, peuvent être employés d'une manière encore plus utile à l'intérêt public. Il croira trouver cet intérêt dans le prélèvement d'une certaine portion de marchandises, au profit du trésor national ; mais en s'éclairant un jour, il ne fera plus observer leur mouvement à l'entrée et à la sortie de l'empire, qu'avec l'intention principale de connoître le degré d'activité progressive qu'obtiennent l'agriculture et l'industrie des membres de l'association.

En effet, le tableau annuel des importations et des exportations d'une nation seroit seul un thermomètre exact de sa prospérité, si, ayant d'abord constamment employé toutes ses facultés vers l'amélioration de son territoire ; elle n'avoit plus, que les marchés extérieurs pour débouchés du superflu de sa consommation en denrées de son sol et en marchandises de son industrie.

Quelques détours qu'ait parcouru l'esprit humain, chez les peuples modernes de l'Europe, avant que de faire servir sa perfectibilité à l'étude des connoissances d'une utilité aussi générale pour la société, il est certain que depuis deux siècles, en Hollande, en Angleterre et en France, on a dicté de meilleurs préceptes, on a suivi progressivement de meilleures routes que dans la durée des vingt siècles précédens, pour assurer la plus grande prospérité des nations.

Les rivalités de commerce ont dû développer le besoin de nouveaux moyens d'instruction. Les journaux des douanes maritimes ou frontières ont été interrogés, et le résultat des recherches a concouru à la solution des questions plus ou moins importantes de l'économie politique.

La Hollande cherche-t-elle à conserver

à ses armateurs l'exploitation du commerce françois : elle demande, vers le milieu du siècle dernier, le renouvellement des traités. L'ambassadeur Boreel présente en 1658, à la cour de Versailles, la liste nominale des produits du sol et de l'industrie de la France, enlevés annuellement par les Hollandois, et conduits dans les ports de la république, qui, par son activité, prévient encore les besoins des consommateurs de toutes les contrées, en leur portant les marchandises françoises.

La valeur des cargaisons exportées de France paroît s'élever, par cette liste, à 72 millions tournois (1). Une partie de cette richesse va disparoître pour nous, si les voituriers et les commissionnaires hollandois ne continuent les transports et la revente de nos productions. La France ne possède alors que de foibles moyens d'exploitation pour un commerce de cette étendue. Les deux cours trouvent donc un égal intérêt au renouvellement des an-

____

(1) Valeur actuelle,

ciennes conventions. C'est ainsi qu'un fait important puisé dans les journaux des douanes étrangères rapproche et détermine les deux parties contractantes, quoique mues par des motifs différens.

En Angleterre, l'avénement de Guillaume III au trône britanique, facilite le développement de la science des calculs politiques, déja cultivée en Hollande. Dès 1693, les comptes des douanes angloises sont mis annuellement sous les yeux du parlement; des écrivains, livrés à des matières économiques, analysent les faits généraux des relations commerciales , et, suivant l'expression de l'un d'entr'eux, les *douanes sont interrogées , dès-lors, comme faisant véritablement l'office du poulx dans le corps politique dont elles indiquent la bonne ou la mauvaise disposition* (1). La Grande-Bretagne ne parvient pas depuis au meilleur système possible d'administration ;

____

(1) De l'usage de l'arithmétique politique dans le commerce et les finances, par M⋅ Davenant, inspecteur-général des douanes angloises , 1698.

mais elle adopte le moins vicieux des plans suivis par les nations voisines, qui étant comme elles puissances territoriales, ont voulu élever leur prospérité uniquement sur un système de commerce extérieur.

En France, l'esprit juste, l'esprit d'ordre de Sully avoit fait saisir à ce ministre l'utilité des calculs politiques fondés sur la combinaison des faits consignés dans les livres des douanes.

Le comte de Soissons, en 1603, surprend à Henri IV un édit de création d'un droit de 15 sols sur chaque ballot de marchandises sortant du royaume, dont le produit étoit présenté au monarque comme un objet de recette pour le solliciteur tout au plus de 30 mille livres. « Je me mis à supputer, dit Sully, et m'aidant dans ce calcul DES COMPTES DES TRAITES FORAINES ET DOMANIALES ET ENTRÉES DES CINQ GROSSES FERMES, je trouvai que le produit annuel de cet impôt ne pouvoit être moindre de 300 mille écus. Le rapport

en fut fait à Henri, qui empêcha que
l'édit ne fut vérifié au parlement ».

Le désordre dans lequel ce prince et
son ministre trouvèrent les archives nationales, les importunités des grands,
pour arracher toutes sortes d'aumônes,
en déguisant l'étendue de leurs deman-
des sous des formules nouvelles de perception, firent naître sans doute à
Henri un projet conçu en 1609, et développé par Sully.

Ce projet consiste à former un cabinet
complet de politique et de finances,
dans lequel seroit classé tout ce qui
pourroit avoir un rapport prochain ou
éloigné à la finance, à la guerre, à l'ar-
tillerie, à la marine, au commerce, à la
police, aux monnoies, aux mines, enfin,
à toutes les parties du gouvernement intérieur et extérieur, ecclésiaslique et civil,
politique et domestique.

Si un semblable établissement eût eu
son exécution, quel foyer de lumières
pour les hommes d'état et les administra-
teurs ! quelle masse d'instructions inap-

préciables pour quiconque eût cherché à étudier tous ces matériaux avec méthode ! Cette école muette, comme l'appelle l'éditeur des mémoires de Sully, auroit préservé les ministres du danger de toujours consulter les personnes, au lieu d'interoger les faits, pour fortifier les principes, lorsqu'il s'agit d'une amélioration importante qui blesse l'intérêt particulier.

Le gouvernement françois avoit encore besoin d'un siècle entier d'expérience, avant que de sentir vivement la nésessité de créer un dépôt de connoissances commerciales, et de poser, en quelque sorte, la première pierre de l'édifice qu'Henri le grand vouloit élever pour le progrès de la science administrative.

Les vingt-cinq années de guerre, presque consécutive, qui s'écoulèrent de 1688 à 1713, avoient desséché en France, tous les canaux de la prospérité publique; et tandis qu'un gouvernement barbare accabloit d'impôts le producteur des denrées du sol et le créateur des ouvrages d'industrie, les

principaux débouchés du dehors se trouvoient fermés par l'effet des dispositions
versatiles qui, en 1685, 1687, 1689,
1697, 1699 et 1701, facilitoient ou pro-
hiboient tour-à-tour les relations commerciales entre la France, la Hollande et
l'Angleterre.

La paix d'Utrecht, en 1713, fit naître
l'espérance de voir rouvrir les marchés
françois et britanniques aux commerçans
des deux nations. En effet, il fut rédigé
et signé le 31 avril de cette année un traité
de commerce et de navigation entre les
deux puissances. Aussi-tôt il s'éleva deux
partis en Angleterre pour en soutenir ou
rejetter les articles. Les tableaux des importations et des exportations, entre la France
et la Grande-Bretagne, furent développés
et commentés dans des discussions publiques ; l'opinion générale se manifesta, et
engagea le parlement britannique à rejetter le traité.

C'est à cette époque que le gouvernement françois, dépourvu de moyens per-
sonnels, pour combattre les objections des

commissaires anglois, qui vouloit déterminer à l'avantage de leur patrie le sens
des différens articles qui restoient à régler
dans le traité, confia par un ordre du
conseil du 18 avril 1713, confirmé par
un arrêt du 16 juin 1716, au sieur de
Grandval, ancien secrétaire d'ambassade,
la confection des tableaux des importations
et des exportations, d'après les renseignemens rassemblés de toutes les douanes
françoises. Telle fut en France, la première origine d'un *bureau de la balance du
commerce.* Le plan, suivi dès le principe,
a été perfectionné dans ses divisions, et
dans sa méthode, sous le premier ministère de M. Necker.

On vient de voir que la nécessité de
former un dépôt de connoissances commerciales qui constitue l'une des branches de
l'administration, et l'une des parties de la
science économique, avoit, chez tous les
peuples, sa source dans l'impuissance de
gouverner par sa seule expérience, dans
l'impossibilité même d'établir des principes sûrs et de tirer des conséquences di-

rectement utiles au bonheur général, sans
rassembler et combiner une série de faits
dont un même homme et une même génération ne peuvent être personnellement
témoins.

Il faut ajouter que cette insuffisance
des facultés humaines se manifeste jusques dans les moyens employés pour multiplier et perpétuer notre expérience.

C'est un reproche fait particulièrement
aux établissemens de l'espèce de celui dont
il est ici question. On dit que son imper-
fection entraîne son inutilité ; et cette
cause de proscription n'attaque pas seulement l'existence d'un dépôt de connoissances commerciales en France, mais elle
frappe sur tous ceux de même nature
existans chez les autres nations.

On se fonde sur ce que les élémens de
ces connoissances commerciales, étant
le résultat des enregistremens dans les
douanes, placées aux extrémités de l'empire, la perfection de ces documens est
affoiblie de toutes les marchandises dont

les contrebandiers parviennent à éluder
la représentation dans ces douanes.

Mais un semblable argument ne peut-
il pas être repoussé, comme tous ceux
qu'on peut faire contre l'étude du grand
nombre des connoissances humaines?
Quoique purement conjecturales, elles
offrent cependant à l'observateur assidu,
attentif, et doué d'un esprit juste et pénétrant, des faits généraux utiles au perfec-
tionnement des sociétés.

Dans les sciences exactes, ne conclut-
on pas de données positives en faveur de
l'existence déterminée d'une grandeur
inconnue ? Pourquoi ne découvriroit-on
pas dans l'examen des ventes et des achats,
constatés matériellement dans les douanes d'un grand empire, quel est à-peu-près
l'objet qui échappe à l'enregistrement,
en pesant toutes les circonstances de prohibition, tous les motifs d'intérêts plus
ou moins puissans pour les éluder, les
facilités plus ou moins grandes pour y
parvenir, et les besoins plus ou moins

étendue de la nation qui reçoit les articles de contrebande ?

Toutes ces spéculations conduisent l'observateur qui s'y livre, entre deux points extrêmes, au milieu desquels se trouve le vraisemblable. « Dans presque tous les genres, la connoissance des limites est la plus certaine de nos connoissances », dit le savant, et aujourd'hui l'immortel auteur des *lettres sur l'origine des sciences* (1). C'en est donc assez pour ne pas exposer le corps politique au tourment de dispositions arbitraires qui s'entrechoquent et perpétuent tyranniquement l'anarchie.

L'inconvénient de ce genre d'omissions sur les tableaux de la balance du commerce se trouve considérablement affoibli par les soins mêmes que l'on prend pour recueillir dans les douanes les faits positifs. Je vais développer rapidement sur quelles bases principales porte la confiance qu'on doit attacher à la collection

---

(1) M. Bailly.

des faits commerciaux matériellement connus.

La plus grande certitude que l'on puisse avoir d'un fait qui ne s'est pas passé sous nos yeux réside dans la persuasion où l'on est que le narrateur de ce fait n'a pu tromper. Or le négociant ou son correspondant, qui se transporte à la douane frontière, pour opérer l'entrée ou la sortie légale d'une partie de marchandises, doit former et signer sa déclaration de toutes les circonstances du transport, représenter en outre l'objet de commerce importé ou exporté, de manière que l'exactitude de toutes les parties de cette déclaration puisse être soumise à l'inspection des employés de la douane; et dans le cas d'infidélité reconnue dans l'exposé, ils ne négligent pas de faire prononcer les amendes fixées par les réglemens et dans le produit desquelles ils ont part.

Pour rendre plus sensible l'enchaînement des opérations qui servent d'élémens aux travaux de la balance du commerce, voici le modèle de quelques formules de déclarations, telles qu'elles sont libellées sur les registres originaux des douanes, lesquels registres sont cotés et paraphés à chaque page, de manière qu'aucun article ne puisse être dénaturé.

PORT ET DOUANE DE CALAIS.

Premier exemple.

Modèles de deux déclarations, à la sortie des mar-chandises de France, faits en langage fiscal.

Je déclare envoyer en Angleterre quatre cartons de dentelles communes de fil blanc, pesant brut douze livres six onces, et net neuf liv., valeur de douze cens liv. venues d'Arras avec certificat de maire et échevins dudit lieu, et accompagné d'un acquit à caution du bureau de cette dernière ville, en date du 2 du courant, n°. premier. A Calais, ce 4 Janvier 1788. *Signé,* LAURENT. (*Nota.* C'est le nom du négociant expéditionnaire ou de son correspondant, transcripteur de cette déclaration.)

Deuxième exemple.

Je déclare envoyer en Angleterre 150 bouteilles de vin de Champagne. A Calais, ce 15 février 1788. *Signé* LAURENT.

Traduction de ces deux déclarations en langage politique, *par le receveur de* la douane de Calais *, sur le journal des exportations, tenu pour la Balance du Commerce.*

	Désignation de l'espèce du registre fiscal d'où sont extraits les articles de marchandises et indications des dates, numéro et folio de ces registres.	Dénomination des marchandises par espèce & qualité.	Nombre, mesure, aunage des marchandises.	Poids des marchandises.		Origine des marchandises.	Destination des marchandises.	Prix courant des marchandises sur les lieux.
				brut.	net.			
Exemples pour un article de marchandises.	Registres des déclarations en détails.			livres onces.	livres.			
Du produit de l'industrie franç.	N°. 13, fol. 2. 4 janvier 1788.	Dentelle de fil.	4 cartons.	12　16.	9.	D'Arras.	Angleterre.	valeur de 1200 livres.
Du produit du sol de la France.	Même régistre. 15 févr. 1788. N°. 116, f. 11.	Vin.	150 bouteill.	»	»	de Champag.	Angleterre.	à 30 sols la bouteille.

Dans

Dans chacune des cinq cens vingt douanes maritimes ou frontières (1) placées sur le cercle de 800 lieues qui forme la circonférence de la France, on tient un semblable journal d'exportation, et un autre d'importation, avec les mêmes indications, en changeant sur ce dernier l'origine d'une des provinces de France, en celle de la nation étrangère qui nous vend les articles importés dans le royaume.

C'est de la réunion de toutes les marchandises, inscrites avec détail, sur ces deux journaux, que l'on parvient à former annuellement les résultats les plus complets qu'il soit possible, du commerce actif et passif de la nation françoise, soit avec les puissances étrangères, soit avec nos propres colonies en Asie, en Afrique et en Amérique.

C'est avec cette méthode que sont di-

____

(1) Ce nombre existoit avant le reculement des barrières, jusqu'aux frontières des ci-devant provinces d'Alsace, de Lorraine et des Trois-Evêchés.

rigées toutes les opérations relatives à la
Balance du Commerce. Il n'y entre aucun
élément arbitraire, et chaque résultat
peut être aisément vérifié, en remontant
l'échelle des faits particuliers dont il est
composé. Ces opérations acquièrent d'année en année un degré nouveau de vé-
racité par leur concordance entre elles,
lorsqu'il n'est survenu aucun fait important, aucune révolution dans le commerce, qui ait pu en déranger la marche
habituelle.

Si quelques personnes scrupuleuse-
ment exactes persistent à refuser leur
confiance à ce bilan du commerce national, je n'ai plus qu'à leur adresser
les paroles suivantes d'un auteur Anglois,
justement célèbre (1). « Dans un sujet
important, quelques connoissances quoiqu'imparfaites valent mieux qu'une entière ignorance. Certes, la lumière du
crépuscule est infiniment préférable aux
ténèbres opaques de la nuit. Ce n'est

____

(a) Chalmers.

pas que l'on prétende tirer de ces registres des douanes la certitude d'une démonstration mathématique. Mais n'est-il pas suffisant qu'ils en fournissent une aussi complette que le comporte la nature même de la chose? S'ils ne donnent pas le dégré de conviction qu'apporte avec lui le témoignage des sens, ils ont au moins le caractère de crédibilité accordé aux recueils les plus authentiques de l'histoire. Si, dans des recherches de ce genre, quelqu'un exige un plus haut dégré de preuves, il faudra le regarder comme un être sceptique qui persévère par goût à errer dans les déserts vagues de l'incertitude »

Le point de vue principal sous lequel on a présenté jusqu'à présent à l'administration et au public les tableaux généraux du commerce d'une nation quelle qu'elle soit, ceux de l'Angleterre par exemple, qui n'a point fait mystère du résultat de ses opérations commerciales, a consisté à placer au centre, comme

point unique de comparaison, la nation
dont on développe le commerce, en sub-
divisant autant qu'il est possible, en une
multitutide de rayons, formant les rapports particuliers, toutes les contrées du
globe entre lesquelles se partagent les
relations commerciales.

C'est sur ce plan composé de trente-
six divisions qu'ont été publiés, par le
chevalier Charles Wityorth, membre du
parlement d'Angleterre, les tableaux de
la valeur des importations et des exportations progressives de la grande Bretagne, depuis 1697 jusqu'à la fin de l'année 1773 (1).

J'ai pareillement réuni de semblables
apperçus généraux sur les relations de
l'empire François dans chacune des parties du globe, depuis 1716 jusqu'en 1788
inclusivement, et en particulier, chez
les principales puissances de l'Europe et
contrées de l'Asie, de l'Afrique et de

____

(1) Ouvrage traduit de l'Anglois, et de l'imprimerie
royale, année 1777.

l'Amérique, tant à la fin du règne de Louis XIV, qu'au moment de la révolution. Mais d'un autre côté, j'ai considéré dans d'autres tableaux, sous une face absolument neuve, nos exportations à l'époque de la révolution.

Dans les derniers tableaux dont je parle, j'ai établi les quatre parties du globe comme autant de marchés où vont se rendre les productions du sol ou de l'industrie de la France. J'ai pensé qu'il étoit important, dans les circonstances actuelles de notre régénération politique, de constater la portion que chaque section importante du royaume a dans nos ventes extérieures en Europe, en Asie, en Afrique et en Amérique. Sous ce point de vue, les exportations générales de la nation françoise se trouvent subdivisées en trente-sept ramifications ou points de départs correspondans à autant de sections du royaume (1).

____

(1) Tableaux élémentaires, numéros 6, 7 et 8, — et état récapitulatif, numéro 9.

Cette division est interne, par rapport à la nation dont on développe le commerce : c'est en quelque sorte l'anatomie de la richesse *territoriale* ou *industrielle* des principales parties de la France, au lieu d'une division externe généralement adoptée dans la confection des tableaux de la Balance du Commerce chez toutes les nations de l'Europe.

On ne doit pas perdre de vue que les élémens de ces ramifications se trouvent dans le registre des exportations de la *Balance du Commerce de France*, puisque l'une des colonnes à pour titre : *Origine des marchandises exportées.*

Mais il est bon d'observer ce qu'on ne soupçonneroit pas, c'est que le régime fiscal qui arrêtoit à chaque pas la circulation intérieure des productions de notre sol et de notre industrie, est le flambeau à la lueur duquel on est parvenu à se procurer ce renseignement utile au progrès de la science administrative. Voici comment.

Toutes ces barrières élevées contre la

libre communication entre le producteur et le consommateur national, se franchissoient gratuitement, lorsque les ouvrages de l'industrie françoise, marqués d'un signe distinctif de leur fabrication dans telle ou telle manufacture du royaume, faisoient route pour les marchés extérieurs; mais dans la crainte qu'on ne prît la destination simulée de l'étranger, la prudence bursale munissoit le conducteur des marchandises, de bulletins appellés *acquits à caution*, qui énonçant le nom et la quantité des marchandises voiturées, servoient aux préposés des douanes frontières, pour reconnoître l'identité des marchandises dont la permission de sortie étoit requise, avec celles emballées sous l'empreinte fiscal, dans le lieu de fabrication.

Quant aux productions du sol de la France, telles que les vins et les eaux-de-vie, le sel, etc. Les fermiers des aides et gabelles faisoient conduire avec les mêmes sollicitudes jusqu'aux extrémités de l'empire, ces articles principaux de notre richesse territoriale.

Les autres subdivisions de nos exportations portent, ou sur des marchandises dont la culture est établie dans nos colonies exclusivement à la métropole, ou sur celles provenant du commerce françois dans l'Inde, ou enfin sur d'autres articles originaires de l'étranger, qui introduits en France, en sont ensuite réexportés : toutes circonstances qu'on a pris soin de déterminer, en séparant dans autant de classes, l'universalité des marchandises sorties du royaume pour l'étranger.

Dans tous ces tableaux, la nomenclature des marchandises se trouve comprise sous deux classes principales : PRODUCTION DE L'AGRICULTURE, et PRODUITS DE L'INDUSTRIE.

Sous la dénomination, PRODUCTION DE L'AGRICULTURE, on a rassemblé particulièrement les objets de nos consommations qui proviennent immédiatement de la terre et sont récoltés, soit dans son sein, soit à sa superficie : par exemple, les grains, les fruits, les chanvres et les métaux *non-ouvragés*. On y a réuni également les matières dont l'existence est uniquement l'effet de l'industrie rurale comme les bestiaux et leurs produits, etc.

Sous cette autre dénomination, PRODUITS DE L'INDUSTRIE, on a classé généralement cette partie de la richesse d'une nation à qui le travail communique presque toute sa valeur, et qui au moyen d'une grande modification et pour ainsi dire de la métamorphose de la matière première, devient propre à satisfaire les besoins de l'homme; telles sont les toiles, les étoffes, etc.

Cet ouvrage étant destiné au développement des principales vérités que l'analyse de la richesse *territoriale* et *industrielle* des différentes provinces de France ou de ses Colonies, peut faire sortir des tableaux de la Balance du Commerce, je n'ai point ici à faire remarquer qu'elles sont les parties essentielles d'utilité d'un semblable travail. Je dois me borner à l'exposé du méchanisme des opérations, afin que la confiance que je cherche à obtenir en leur faveur, fortifie aux yeux de mes concitoyens, la justesse des conséquences que j'en ai tirées pour le progrès de la science administrative.

Je n'ai pas dû me borner à recueillir et à combiner les élémens rassemblés par le bureau de la Balance du Commerce, je me suis attaché à y réunir d'autres documens qui puissent completter l'ensemble du commerce actif et passif de la nation françoise dans toutes les parties du globe.

Indépendamment des omissions résultantes de la contrebande, soit à l'entrée, soit à la sortie du royaume, il existoit d'autres lacunes dans les tableaux de la Balance du Commerce, qu'il importoit à la perfection du plan que j'ai formé de faire également disparoître.

Les relations commerciales des provinces d'Alsace, de Lorraine et des Trois-Evêchés, par exemple, ne pouvoient être constatées par le même mécanisme monté dans toutes les autres parties du royaume. Les productions du sol et de l'industrie de ces provinces se voiturent librement à l'étranger, dont elles ne sont séparées par aucunes barrières fiscales (1), de manière que les faits positifs sur la nature et l'étendue des importations et des exportations de cette partie du royaume, n'ont pu être recueillis dans le bureau de la Balance du Commerce.

Je me suis aidé avec succès d'autres connoissances. — J'ai réuni d'excellens apperçus consignés dans les procès-verbaux des assemblées provinciales tenues en 1787, dans les ci-devant généralités de Metz, Nancy et Strasbourg. J'ai étudié dans des mémoires particuliers, la situation des manufactures et des fabriques de toute nature établies dans ces provinces, le montant des exportations en principaux produits de leur sol, comme

––––––––––––

(1) Ceci a été écrit avant le décret de l'assemblée nationale, qui prononce le reculement des douanes intérieures jusqu'aux frontières.

grains, tabacs, vins, etc. J'ai consulté les tableaux de la Balance du Commerce sur les ventes et achats respectifs de l'Alsace, de la Lorraine et des Trois-Evêchés, avec les autres provinces de France, tels qu'ils sont constatés dans les douanes établies sur les limites de la Champagne et de la Franche-Comté. Tous ces élémens ont été rapprochés et combinés sous plusieurs faces. La richesse, l'étendue et la population de ces trois sections frontières de France, ont été pesées en même-tems que le produit de l'impôt perçu au roulage des marchandises, et leur position géographique vis-à-vis telle ou telle contrée étrangère. Toutes ces circonstances locales ont été calculées pour concourir à déterminer l'évaluation probable des différentes branches d'importations et d'exportations des ci-devant provinces d'Alsace, de Lorraine et des Trois-Evêchés avec les nations de l'Europe.

Deux autres opérations n'ont pas dû m'échapper : d'une part, l'addition de 3o pour cent de valeur, au montant des marchandises manufacturées en Angleterre, importées en France. Les négocians françois annoncent unanimement que l'estimation déclarée, dans nos douanes, à l'importation de ces marchandises angloises, est de 30 pour cent au-dessous de la véritable valeur que la France doit payer à la Grande-Bretagne.

D'un autre côté, on ne peut se dissimuler, qu'il ne s'exporte de France dans toute l'Europe, pour une valeur beaucoup plus considérable que celle constatée par les résultats de la balance du commerce en bijouterie et en joaillerie. Le peu de volume de ces articles, en facilite la sortie clandestine; et comme ce sont des objets de prix, on les confie généralement à des voyageurs qui négligent les formalités de déclaration auxquelles les voituriers s'assujettissent plus strictement. Cette branche de commerce a donc été également évaluée approximativement, dans l'universalité des exportations de la France.

Enfin le solde dû par nos colonies aux

possessions étrangères en Amérique, a été considéré comme payé en denrées de nos isles, jusqu'à concurrence du montant de la dette qu'elles ont contractée par le résultat d'un commerce respectif.

Tous ces détails paroîtront peut-être fastidieux ; mais leur ennui doit être dévoré avec patience par tous les citoyens qui se feront un devoir d'étudier les élémens les plus arides de la science administrative, afin de ne pas perpétuer le scandale de l'ignorance qui enveloppoit les peuples et le plus grand nombre des chefs, dans l'ancien système de gouvernement.

D'ailleurs, les résultats de la balance du commerce, principalement ceux de l'année 1787, remis au comité d'agriculture et de commerce de l'assemblée nationale, offrent des différences avec les sommes totales de mes opérations, dont je dois achever d'indiquer les motifs (1).

____

(1) Les travaux du bureau de la Balance du Commerce pour l'année 1787, remis au comité de commerce et d'agriculture sur sa demande du mois de novembre 1789, forment une collection de soixante-

Le produit de la pêche des poissons frais, dans l'Océan et dans la Méditerrannée, a été constaté, pour la première fois, en 1788. Quelques marchandises prises par nos vaisseaux relâchant dans les ports étrangers, en faisant route pour nos établissemens en Afrique, les tabacs, par exemple, n'avoient pu être compris dans les tableaux de 1787. J'ai réuni toutes ces notions, et quelques autres obtenues ultérieurement, pour laisser le moins possible à perfectionner à ceux de mes concitoyens qui voudront marcher dans la carrière où mon état, mon goût, et le patriotisme ont dû me faire entrer l'un des premiers (1).

---

quatorze pièces plus ou moins volumineuses, dont quelques-unes même sont des dictionnaires *in-folio*; j'en ai résumé les apperçus généraux dans les deux premières tables annexées à cet ouvrage, et j'y ai fait entrer encore, comme point de comparaison, semblables résultats de notre commerce en 1716.

(1) Le commerce de l'île de Corse avec les nations étrangères est le seul objet qui ne fasse aucunement partie des tableaux du commerce extérieur de l'em-

pire françois dans toutes les parties du globe. Le
bureau de la Balance du Commerce n'a pu encore
jusqu'à présent se procurer le dépouillement des
registres tenus dans les principales douanes de la
Corse. Le seul renseignement qu'il possède sur le
commerce de cet île, concerne ses relations avec la
France, parce qu'elles sont constatées, soit à l'arrivée des marchandises dans nos ports, soit à leur
sortie pour la Corse.

Les importations de cette île dans le royaume,
s'élèvent, année moyenne, à une somme de 700
mille livres, principalement en cuirs et peaux en
poil, et bois de construction et à brûler.

Les exportations de France pour la Corse, montent
année moyenne, à 900 mille livres, particulierement
en comestibles et boissons, comme bled, farine,
vins expédiés de Marseille; et en étoffes de laine,
toiles et ouvrages de différente sorte des manufactures nationales. L'excédent de 200 mille livres en
faveur des exportations, est soldé par les dépenses
du gouvernement, qui, comme on sait, ont sur-
passé jusqu'à présent, de 250 mille livres, la masse
des contributions du peuple Corse.

Nos relations commerciales avec la Corse, sont in-
dubitablement susceptibles d'extension. On fait déja
usage pour la marine royale des bois de construction
que produit cette île; et on a essayé dans quelques-
unes de ses parties à élever des vers à soie. Le premier de ces articles rend annuellement, en tems de
paix, la France tributaire DE L'ÉTRANGER d'une
somme de 3 à 4 millions : quant au second, elle

devient

devient créancière de plus de 25 millions pour l'achat des soies. Ainsi, en bornant seulement à ces deux branches de commerce , celui de la Corse avec la France , il peut parcourir une immense latitude , avant d'avoir satisfait dans ce genre à nos propres besoins.

Les François et les Corses qui , jusqu'au moment de la révolution, sembloient former par leur caractère politique , deux peuples absolument distincts , ralliés aujourd'hui sous les drapeaux de la liberté, uniront désormais leurs efforts pour améliorer par tous les moyens possibles la fortune publique de leur commune patrie.

NOTE DEUXIEME.

Éclaircissemens sur la carte générale tant des emprunts faits par le gouvernement que des revenus ordinaires versés dans le trésor public, depuis 1716 jusqu'en 1788 inclusivement, rapprochés de l'état des balances en argent, dues à la France par les nations étrangères, pendant la même période (1).

Emprunts de toute nature, faits par le gouvernement depuis 1716, etc.

L'extrait raisonné des rapports du comité des finance de l'assemblée nationale, les mémoires pour servir à l'histoire générale des finances, et l'abrégé chrono-

____

(1) Voyez pièces justificatives : carte générale, numéro 14.

logique de l'histoire de France , depuis 1715, jusqu'en 1783 inclusivement, servent particulièrement de bases à ce tableau.

On n'y a pas fait entrer les sommes empruntées par l'ancienne compagnie des Indes, dont le trésor public paye aujourd'hui les intérêts, parce que les fonds employés, soit au commerce propre de la compagnie, soit aux dépenses et aux frais de l'administration de ce commerce, n'ont pas été versés dans le trésor public.

Quelques soins que l'on ait apportés pour completter le tableau des emprunts de toute nature, faits par le gouvernement françois, depuis ce siècle, on ne peut se dissimuler qu'il doit exister quelque lacune pour les époques antérieures au règne de Louis XVI, particulièrement, par rapport aux sommes versées dans le trésor public, pour l'augmentation de finances des charges, des offices, des cautionnemens et autres de cette nature. Ce genre d'opérations clandestines a dû échapper aux recherches des personnes qui ont travaillé sur cette matière avant moi ; mais ce ne peut pas être un objet important dans la masse générale des emprunts.

J'observerai en outre que sur l'universalité de ceux détaillés dans l'extrait raisonné des rapports du comité des finances de l'Assémblée Nationale , on ne trouve aucune indication de dates , à l'égard d'une somme d'emprunts qui s'élèvent, en capitaux, à 381 millions 17 mille 876 livres, dénommés sous les titres *Reconstitution en* 1776 — *Rentes sur la caisse d'amortissement* — *Dette de la guerre* — *Colonies* — *Canada* — *Offices sur les ports* — *Gouvernemens viagers.*

Mes recherches ultérieures n'ont pu me procurer , à l'égard de cette somme dont j'ai fait un article à part , aucunes lumières sur l'époque des édits de création ou de constitution , ainsi que j'y suis parvenu pour d'autres parties de rentes , rangées dans les mêmes classes , par le comité des finances de l'Assemblée nationale.

A l'égard des emprunts , partie en argent , partie en effets royaux , je n'ai compris dans le tableau en question , que les espèces effectives versées au trésor public.

L'emprunt de février 1770 , à quatre pour cent, présentoit, suivant le rapport du comité des finances , un capital , au premier janvier 1789 , de 182 millions 122 mille 225 livres, et donnoit un capital de 33 millions 230 mille 650 livres, à la mort de Louis XV. Ainsi cette dernière somme fait partie de la huitième époque.

Quant à celle de 148 millions 891 mille 575 livres qui reste des 182 millions 122 mille 225 livres , montant des capitaux de cet emprunt, au dernier décembre 1788, j'ai cru pouvoir la partager entre la neuvième et la dixième époque; avec cette différence que la dernière étant reconnue pour un tems de déprédation à un degré jusqu'alors inconnu, l'usage qu'on a pu faire *du quatre pour cent de février* 1770, a dû être immodéré. En conséquence, et à défaut de notions plus positives, j'ai supposé 100 millions de capitaux employés dans la dixième époque, qui renferme *l'administration – Calonne*, et seulement 48 millions 891 mille 575 livres dans la neuvième époque qui la précède.

Revenus ordinaires versés au trésor public depuis 1716 , etc.

Il est facile de se persuader que pour former le tableau des revenus ordinaires versés au trésor public depuis 1716, je n'ai pas entrepris de compulser tous les comptes de recettes effectives depuis cette époque jusqu'à présent. Ce travail au-dessus des forces d'un seul homme, n'étoit pas indispensable pour apprécier l'étendue des impôts à chaque époque principale, qui divise cette période de soixante-treize ans.

Pour opérer utilement, il m'a suffi de m'aider de connoissances positives, constatées de tems à autre, relativement aux revenus publics.

Ce genre de secours m'étoit offert dans les recherches et considérations sur les finances de France, pour les années 1716 et 1717; dans la collection des comptes rendus pour les années 1758, 1759, 1764, 1768, 1773, 1774, 1775, 1776, 1781, 1785, et dans le compte du gouvernement en 1788. J'ai entre les mains un état manuscrit des revenus et de la dépense du roi, pendant l'année 1724. Cet état, qui contient encore par apostille une évaluation des revenus et de la dépense en 1725 et de 1745 à 1748, m'a paru mériter confiance. Il est cité dans plusieurs ouvrages économiques, et notamment dans les Annales-Politiques de l'abbé de Saint-Pierre, et dans le livre intitulé : *Le citoyen financier.* Ce dernier rappelle même le résultat d'un autre compte détaillé des revenus de l'année 1734.

Ce n'étoit pas assez d'être parvenu au moyen des fanaux placés de distance en distance, à s'éclairer sur la masse des revenus publics à différentes époques: il falloit essayer de suivre les variations et les progrès du produit des impôts pendant la série d'années dont est composé chaque

K 4

époque, depuis 1716, jusqu'en 1788 inclusivement.

Je me suis approché beaucoup de ce but, en étudiant toutes les circonstances qui avoient pu contribuer à diminuer ou à augmenter les produits des revenus publics, dans l'espace des deux termes dont j'avois la recette effective. Ces circonstances se rapportent particulièrement, soit à la création de nouveaux impôts, *les sols pour livres*, par exemple, soit à la suspension de quelques autres, comme *le dixième*, soit à son rétablissement à une époque postérieure, soit enfin à l'augmentation successive du prix des baux des impôts indirects : toutes ces circonstances sont développées dans les ouvrages économiques que j'ai consultés.

Je puis donc présenter avec confiance cet enchaînement de calculs politiques qui portent sur des bases pour la plus grande partie positives, mais toutes d'une exactitude relative ; c'est-à-dire que sans se rapporter par fraction avec les comptes effectifs des revenus publics, ils ne doivent pas s'éloigner assez sensiblement des résultats, pour faire craindre de conclure que telle étoit, année moyenne, la masse approximative des revenus publics, pendant chacune des dix époques qui divisent la période de 73 ans écoulés depuis la mort de Louis XIV, jusqu'à l'époque de la liberté françoise.

Balances du Commerce depuis 1716, etc.

C'est un grand sujet d'étonnement, sans doute, que de considérer qu'il peut avoir été importé en France, depuis la mort de Louis XIV jusqu'en 1788 inclusivement, espace de 73 ans, pour 5 milliards 490 millions 242 mille livres de matières d'or et d'argent, tandis qu'au moment de la révolution, on n'évaluoit pas à plus de 2 milliards le numéraire en circulation dans le royaume. Nous tâcherons de fixer l'opinion que l'on peut se faire du plus ou moins d'exactitude de ce résultat, en rapprochant différentes données qui peuvent concourir à suivre l'emploi de cette masse

énorme de matières versées en France
par le commerce extérieur.

Un premier emploi qui a dû être fait
de ces matières a été de les convertir
en numéraire ; et l'on peut évaluer qu'il
a été monnoyé d'espèces restées en France,
pour la somme résultante de la différence entre le numéraire en circulation
à la mort de Louis XIV, et celui existant
au moment de la révolution. Or en 1715,
on ne pouvoit évaluer la masse du numéraire qu'à environ 731 millions 386 mille
livres sur le taux de 54 livres, prix actuel
du marc d'argent, tandis qu'à l'époque
de la liberté françoise, on évalue à 2 milliards le numéraire en circulation.

Voici donc un premier emploi bien
déterminé d'un milliard 268 million 614
mille livres, ci . . . . . 1,268,614,000.

2°. L'argenterie fabriquée
en France depuis la mort de
Louis XIV forme un se-
cond emploi des 5 milliards
490 millions 242 mille liv.,
montant des balances en

De l'autre part, ci ... 1,268,614,000.

argent payées par l'étranger depuis soixante - treize
ans. On aura une idée du
prodigieux accroissement
de ce genre de luxe, depuis
le commencement du siècle,
comparé au moment pré-
sent, lorsque l'on saura
qu'en 1709, il ne fut porté
à l'hôtel des monnoies de
Paris, que pour 2 millions
370 mille livres d'argenterie,
et qu'en 1759 il en fut porté
pour 13 millions 499 mille
livres, le tout valeur actuelle (1): ce qui offre une
augmentation dans la pro-
portion d'un à sept environ,
pendant le cours d'un demi-
siècle.

1,268,614,000.

____

(1) Almanach des monnoies, année 1787.

De l'autre part, ci... 1,268,614,000.

Des hommes instruits (1) dans les matières économiques pensent qu'il entre 24 millions de piastres neuves dans la masse des matières qu'on fond annuellement, pour les façonner en ouvrages de l'art. Ainsi, pendant soixante-treize ans, on obtiendroit un emploi d'un milliard 752 millions, ci . 1,752,000,000.

3°. Le gouffre d'Asie, qui engloutit l'or et l'argent des européens, a reçu de France pendant soixante-treize ans pour environ 617 millions 481 mille livres, tant par la voie du commerce, que pour

3,020,614,000.

______

(1) M. Clavière : opinion d'un créancier de l'état, pages 122 et 125.

De l'autre part, ci... 3,020,614,000.

les dépenses d'administration, y compris celles du
gouvernement, aux îles de
France et de Bourbon, ci. 617,481,000.

4°. Les fonds dépensés
par le département des affaires étrangères peuvent
encore servir à éclairer sur
l'emploi d'une partie des
matières d'or et d'argent
versées en France par le
commerce extérieur. Ces
dépenses consistent particulièrement en subsides,
pensions secrettes payées
aux puissances étrangères,
et traitemens des ambassadeurs. Cet article a été très-
considérable dans l'avant-
dernière guerre, puisque les
sommes destinées à cet objet montoient à 57 millions

3,638,095,000.

De l'autre part, ci..3,638,095,000.

en 1757 et en 1758 (1);
qu'elles furent encore de 20
et 24 millions dans les années suivantes ; et que les
quatorze années du minis-
tère du duc Choiseul indiquent une moyenne pro-
portionnelle de 22 millions.
Cette dépense à la vérité,
est de beaucoup diminuée
depuis cette époque; cepen-
-dant elle s'est encore élevée
à 14 millions en 1783 et en
1788 (2), de manière qu'on
ne croit pas s'éloigner de la
vraisemblance en portant à
15 millions la dépense faite
annuellement en pays étran-

3,638,095,000.

---

(1) Mémoires de Choiseul, ministre des affaires
étrangères et de la guerre.

(2) Collection des comptes rendus et compte du
gouvernement en 1788.

De l'autre part, ci... 3,638,095,000.

gers, pour cet objet, depuis 1715 jusqu'en 1788 inclusivement. On n'en connoît pas la latitude pendant la guerre pour l'élection de Stanislas, roi de Pologne, ni pendant les huit années de celle de la succession autrichienne ; mais cette dépense à cette dernière époque, a dû être également forte, eu égard à la position politique de la France, vis-à-vis les princes souverains d'Allemagne, ordinairement et en grande partie soudoyés par la France. En opérant donc sur 15 millions, on obtiendra un emploi dans le cours de soixante-treize ans, d'un milliard 95 millions, ci,   .   . 1,095,000,000.

4,733,095,000.

*De l'autre part, ci...*4,733,095,000.

5°. On ne doit pas omettre de tenir compte des fonds versés à Rome, pour droits d'annates sur les produits de la première année des revenus des bénéfices, pour le paiement des bulles, des dispenses de mariages et autres. Ces articles étoient évalués en 1757 (1) à 3 millions 600 mille livres par an : en opérant pour les 73 ans à raison de cette somme, on obtiendra celle totale de 262 millions 800 mille livres, ci. . . . . . 262,800,000.

6°. Enfin, dans le premier paragraphe de ces observations relatif à la masse du numéraire actuel-

4,995,895,000.

____

(1) Collection des comptes rendus, pag. 24.

lement

De l'autre part, et... 4,995,895,000.

lement existant en France,
par comparaison avec celui
en circulation en 1715, on
n'a obtenu qu'un résultat
différentiel d'un milliard
268 millions 614 mille liv.,
parce qu'on est parti du fait
qu'au moment de la révo-
lution, il pouvoit y avoir
en France deux milliards
d'espèces, tandis qu'à la
mort de Louis XIV, elles
ne montoient qu'à 731 millions 386 mille livres, valeur actuelle; mais ce résultat différentiel d'un milliard 268 millions 614 mille
livres, est bien dans la
quantité d'espèces fabri-
quées depuis 1715, la seule
masse actuellement exis-
tante en France; mais elle

4,995,895,000.

De l'autre part, ci... 4,995,895,000.

ne compose pas l'universalité de la conversion en
monnoies , des nouvelles
matières prises sur les 5
milliards 490 millions 242
mille livres dues depuis 73
ans au royaume, par les
nations étrangères.

En effet , suivant M.
Necker (1) , depuis 1726,
époque de la refonte générale des monnoies, il a été
fabriqué jusqu'en 1783 inclusivement , dans toutes
celles du royaume pour une
somme de 2 milliards 500
millions d'espèces d'or et
d'argent. Nous y ajouterons
celle de 116 millions pour

4,995,895,000.

____

(1) De l'administration des finances de France, tome III, pag. 37.

De l'autre part, ci... 4,995,895,000.

la fabrication en nouvelles
matières de 1784 à 1788 inclusivement, ce qui nous don-
nera 2 milliards 616 millions,
pour la fabrication totale
jusqu'au moment de la ré-
volution. Or, dans cette
masse se trouvent compris
les 731 millions 386 mille
livres de numéraire existant
à la mort de Louis XIV.
En les déduisant, il restera
donc une fabrication éva-
luée à un milliard 884 millions 614 mille livres, prise
sur les 5 milliards 490 millions 242 mille livres com-
posant les balances en argent dues à la France de-
puis soixante-treize ans. On
n'a fait mention dans le
premier paragraphe de ces

4,995,895,000.

L 2

De l'autre part, ci... 4,995,895,000.

observations, que de la somme d'un milliard 268 millions 614 mille liv. Il reste conséquemment à passer ici en compte 616 millions faisant partie du montant de la fabrication des espèces en nouvelles matières d'or et d'argent, mais qui n'existent plus dans le royaume au moment de la révolution, et qui cependant ne forment pas moins un des emplois des matières étrangères qu'ont procuré à la France les Balances du Commerce depuis 1715.

Observons que quoique l'existence de ces 616 millions et leur conversion en espèces françoises, soient évidentes, puisque c'est le

4,995,895,000.

De l'autre part, ci... 4,995,895,000,
résultat des tables de fabrication dressées aux hôtels
des monnoies du royaume,
il y auroit un double emploi
à regarder encore ici la
totalité de cette somme
comme faisant entièrement
partie des balances en ar-
argent reçues par la France
depuis soixante-treize ans.
En effet, en évaluant la
masse de matières d'or et
d'argent qui a paru passer à
l'étranger, ou qui a pu y
rester en compensation des
dépenses de gouvernement,
ordonnées par le départe-
ment des affaires étrangères,
on a dû supposer dans cette
masse une somme quel-
conque d'espèces françoi-
ses écoulées chez nos voi-

4,995,895,000.
L 3

De l'autre part, ci... 4,995,895,000,

sins, sans jamais rentrer dans le royaume, ce qui forme une des causes de la disparution d'une partie du numéraire fabriqué depuis 1726 jusqu'à présent ; et si on l'évalue à 400 millions sur le pied de 5 à 6 millions par an ; il ne restera plus que 216 millions, dont on devra déterminer l'emploi.

On attribuera cet emploi à la fonte des espèces monnoyées que pratiquent les artistes qui façonnent les matières d'or et d'argent. On a vu qu'ils faisoient entrer annuellement dans la fabrication de leurs ouvrages d'orfévrerie, pour 24 millions de piastres neu-

4,995,895,000.

De l'autre part, ci... 4,995,895,000.

ves. Le même auteur, en indiquant ce rapport, parvient par des calculs pleins de sagacité à déterminer à cent millions au moins, la valeur de la vaisselle qu'on fabrique annuellement dans le royaume, tant pour le renouvellement de la vieille orfévrerie que pour l'emploi en vaisselle de la matière neuve. Il pense que l'objet de la fonte des espèces monnoyées doit être assez important. M. Necker, au contraire, n'estime pas que cet article dût influer beaucoup sur la disparution de notre numéraire. Quoi qu'il en soit, en supposant dans l'espace

4,995,895,000.

L 4

De l'autre part, ci... 4,995,895,000.

de soixante-treize ans, l'a-
néantissement par la fonte
de 216 millions, c'est sur
le pied de 2 à 3 millions
par an, ci . . . . 216,000,000.

TOTAL... 5,211,895,000.

IL résulte de toutes ces combinaisons
que dans la somme de 5 milliards 490
millions 242 mille livres, formant l'universalité des balances du commerce dues
à la France par les nations étrangères
depuis soixante-treize ans, on a apperçu
l'emploi de 5 milliards 211 millions 895
mille livres.

Quant à la somme de 278 millions 347
mille livres qui n'a pas trouvé place dans
les calculs précédens, on observera qu'on
n'a fait mention, non plus, ni des
rentes appartenantes aux étrangers, ni
de leur part dans les remboursemens, ni
des bénéfices qu'ils font en France sur

les assurances maritimes, ni des revenus
payés en argent aux propriétaires étrangers de terres considérables dans la Flandre françoise , dans l'Artois , dans le
Hainault, en Lorraine, en Alsace et en
Rousillon. On n'a point évalué les fonds
qui passsent à Malthe, ceux versés dans
nos colonies d'Amérique, et dépensés par
les voyageurs françois hors du royaume.

On apperçoit que tous ces objets doivent excéder les 278 millions 347 mille
livres restans des balances du commerce
acquises à la France depuis soixante-
treize ans, puisque ce ne seroit environ
que 3 à 4 millions par année. M. Necker
annonce dans son livre de l'administration des finances de la France, que l'ensemble de ces dettes annuelles, excède
sûrement 18 millions ; mais qu'il faut
mettre en compensation de toutes ces
dépenses en argent à la charge de la
France, celles moins considérables, qui
résultent pour l'étranger de ses place-
mens annuels dans nos fonds publics, et

des sommes versées dans le royaume en tems de paix, par les ambassadeurs des puissances étrangères, les voyageurs et les gens de mer.

NOTE TROISIEME.

Réflexions sur des renseignemens relatifs aux finances, et à la population de la France , extraits des mémoires rédigés par les intendans sur la fin du siècle dernier , par ordre de Louis XIV, et pour l'instruction du duc de Bourgogne , lesquels mémoires ont été publiés par le comte de Boulainvilliers (1).

Finances.

Il faut s'être armé d'un grand courage, pour avoir osé chercher dans les mémoires rédigés par les Intendans de la fin du siècle dernier , quelques faits utiles Le

______

(1) Voyez pièces justificatives : tableau numéro 15.

peu de confiance qu'obtiennent, et que méritent en général aujourd'hui ces matériaux, a dû faire craindre de se livrer à un travail pénible et infructueux : travail pénible, parce qu'il étoit douteux d'y trouver, même à force de recherches et de combinaisons, la solution d'aucune question de l'économie politique : travail infructueux, parce qu'il étoit incertain que cette solution fût reçue avec confiance des citoyens éclairés.

En réfléchissant cependant sur la rédaction de ces mémoires, j'ai entrevu que, quoi qu'ils ayent méconnu les bons principes d'administration, mieux constatés actuellement ; malgré l'érudition accablante avec laquelle ils y ont entassé les faits historiques, concernant les provinces, les villes, les bourgs, les terres seigneuriales, bénéficiales, les familles nobles de chaque canton, il étoit possible que ces délégués se fussent accordés sur un point sur le desir de donner à la cour une bonne opinion de leur *savoir-faire* en finance, et de l'importance de leur dépar-

tement, en lui procurant des connoissances circonstanciées de l'étendue des
contributions des peuples de leurs Généralités, à la fin du siècle dernier.

Mes espérances n'ont pas été absolument trompées. En étudiant la partie de
ces mémoires relative aux finances, on
est assez satisfait des détails qu'ont rassemblés sur la nature et les produits des
impôts, à l'époque où ils écrivoient, les
Intendans d'Aix, d'Alençon, d'Amiens,
de Besançon, de Châlons-sur-Marne, de
Grenoble, de Lyon, de Montpellier, de
Moulins, d'Orléans, de Rennes, de Soissons et de Valenciennes. On est forcé de
suppléer, par quelques recherches ou combinaisons particulières, à ce qui manque à
la perfection de semblables résultats pour
les Généralités de Bordeaux et Bayonne,
de Bourges, de Caen, de Dijon, de Lille,
de Montauban, de Paris et de Rouen.

Les Intendans de Metz, Nancy et Strasbourg ont indiqué, en masse, la somme
des contributions des peuples de leur Généralité.

Mais ceux de la Rochelle, de Limoges, de Perpignan, de Poitiers, de Riom, de Tours et de Pau, n'ont donné de notions positives que sur les impositions foncières usitées dans leur arrondissement. Il a fallu suppléer par d'autres recherches et combinaisons à l'omission des contributions personnelles et indirectes dans ces sept Généralités.

Comme ce n'est point une pièce de comptabilité que j'ai à présenter, je ne pense pas que ces derniers calculs quoique sepéculatifs m'aient laissé à une trop grande distance du but; et si je ne m'en suis écarté que très-peu, l'erreur est d'une bien foible conséquence, eu égard aux points de vue généraux, sous lesquels j'ai voulu envisager la masse des contributions de la France à la fin du siècle dernier. Cependant pour obtenir toute la confiance que mérite l'importance de la matière que je traite, je vais chercher à convaincre le lecteur de l'exactitude des principaux résultats, par le rapprochement des faits positifs recueillis sur la masse des revenus de la France à la fin du siècle dernier (1).

Suivant M. de Forbonnais (2), l'année commune des revenus du trésor public, prise sur 1695, 1696 et 1697, y compris le produit de la capitation , étoit de 157 millions 231 mille livres ; et le total général des contributions dans les 31 Gé néralités qui font l'objet des mémoires des Intendans, est de 159 millions 345 mille livres. La différence est en plus de 2 millions 114 mille livres , sur mon résultat ; mais cette différence n'est que de 13 cens dix-huit mille livres, si je le compare avec les revenus de l'année 1697 , qui

---

(1.) On n'a pu tirer aucun secours des details qui se trouvent sur différens objets de revenus , dans la collection des comptes rendus de l'administration des finances de France , depuis 1600 jusqu'en 1700, recueillis par M. Mallet , premier commis des finances , sous M. Desmarets , contrôleur-général des finances de 1708 à 1715, et publié récemment. On y annonce que les comptes des années 1696, 1697, 1698, 1699 et 1700, n'ont pas été rendus.

(2) Recherches et considérations sur les finances de France depuis 1595 jusqu'en 1721.

ont monté à 158 millions 27 mille livres. Cette dernière époque est celle que les Intendans ont prise généralement pour base dans l'indication du produit des impôts supportés à cette époque par les habitans de leur Généralité. Plusieurs cependant ont rétrogradé de quelques années, et d'autres même ont établi leurs calculs sur les fixations des deux dernières années du siècle : un seul a descendu jusqu'en 1701.

Population.

L'AUTEUR qui a prêché avec le plus de succès toute sorte de vérités, Voltaire pensoit que la France renfermoit, vers le milieu du 18e. siècle, environ 20 millions d'habitans, et il ajoute : « Je me trouve d'accord, » dans ce calcul, avec l'auteur de la dîme » attribuée au maréchal de Vauban, et » sur-tout avec le détail des provinces, » donné par les Intendans à la fin du » siècle dernier. Si je me trompe, ce n'est

« que

» que *d'environ quatre millions* , et c'est
» une bagatelle pour les auteurs. » (1).

Voltaire, en feignant de craindre une
exagération de *quatre millions* , avoit en
vue l'opinion accréditée alors par les économistes , manifestée dans le dictionnaire
encyclopédique à l'article *population* , et
dont il a fait lui-même la réfutation, après
avoir rapporté les termes de cet article ;
les voici :

« La France s'est accrue de plusieurs
» grandes provinces très-peuplées , et ce-
» pendant ses habitans sont moins nom-
» breux d'un cinquième qu'ils ne l'étoient
» avant ces réunions ; et ses belles pro-
» vinces que la nature semble avoir des-
» tinées à fournir des subsistances à toute
» l'Europe , sont incultes ». Comment ,
dit Voltaire, l'auteur peut-il avancer que
la France a perdu le cinquième de ses
habitans en hommes et en femmes de-

____

(1) OEuvres complettes de Voltaire : édition de
Beaumarchais. Dictionnaire philosophique ; au mot
population.

Tome II.   M

puis l'acquisition de Strasbourg, quand
il est prouvé par les recherches de trois Intendans, que la population est augmentée depuis 20 ans dans leurs Généralités.
Cette réponse paroît décisive ; mais une
seule ligne qui se trouve dans la note
mise par l'éditeur de la nouvelle édition
de Voltaire réveille les incertitudes. L'o-
pinion de la prétendue dépopulation de
la France, y est-il dit, s'est accréditée
d'après d'anciens dénombremens *vraisemblablement* très-exagérés.

Ces dénombremens pris pour comparaison étoient précisément ceux formés
par le soin des Intendans sur la fin du
siècle dernier. En effet, les économistes
qui, vers le milieu de celui-ci, n'estimoient
la population du royaume qu'à environ
16 millions, ne pouvoient trouver une diminution d'un cinquième depuis la paix
de Riswick, ou la réunion définitive de Strasbourg à la France en 1697, qu'en admet-
tant que la population fût, à cette époque, d'environ 20 millions ; c'est précise-

ment là le résultat du travail des Intendans sur cette partie.

Ce résultat doit-il paroître erronné, aujourd'hui qu'il est prouvé que la France n'étoit pas dépeuplée à l'époque indiquée par les Economistes ? Ne se sont-ils trompés que par induction , ou bien leur assertion étoit-elle fausse en elle-même ? C'est-à-dire, la diminution supposée d'un cinquième qu'ils annonçoient dans la population de la France, s'est-elle évanouie, parce que le royaume ne contenoit pas environ 20 millions d'habitans , sur la fin du siècle dernier, ou parce que, vers le milieu de celui - ci , il renfermoit plus que 16 millions d'individus?

Il ne me sera pas difficile de démontrer la seconde proposition. Les calculs politiques sur la population se sont tellement perfectionnés qu'on ne doute plus maintenant qu'il ne soit possible de constater très - approximativement le nombre d'habitans qui peuple une contrée.

Le premier auteur , qui paroît s'être occupé avec sagacité et exactitude des recherches sur la population de la France, est M. de Messance, receveur des tailles de l'élection de St.-Etienne, connu des écrivains politiques Anglois, puisque le célèbre Schmith l'a cité dans son ouvrage de la Richesse des nations.

Voltaire lui-même recueillit du travail de M. de Messance cette notion, *que d'après les recherches de trois Intendans, la population étoit augmentée dans leurs généralités*. Les preuves et les développemens de ce fait se trouvent en effet dans l'ouvrage publié par M. de Messance en 1766, sous le titre de *Recherches sur la population*. En poussant les calculs aussi loin qu'il lui a été possible, il démontra que, dans sept grandes provinces du royaume, ou dans les Généralités d'Auvergne, de Lyon, de Rouen, d'Alençon, d'Auch, de Pau, les provinces de Bourgogne et de Provence, et dans un grand nombre de villes très-éloignées les unes des autres, la population étoit augmentée d'un 13e. depuis soixante ans. En faisant l'application des mêmes données à toutes les Généralités du royaume, il prouva enfin que la France, en 1763, étoit peuplée au moins d'environ 23 millions 109 mille habitans. Le même auteur publia , en 1788 , de nouvelles recherches sur la population de la France, et d'après l'année commune des naisances de 1771 à 1780 , il obtint le résultat d'environ 23 millions 25 mille individus pour tout le royaume. Les travaux de M. Necker, sur cette partie , l'ont conduit à constater une population en France de 24 millions 676 mille ames , d'après le terme moyen des naissances pendant cinq années de 1776 à 1780. Enfin M. le Chevalier de Pommelles , dans un mémoire sur les milices publié en 1789, a fait entrer différentes recherches pleines de sagacité et d'utilité , sur la population du royaume, depuis 1778, jusqu'en 1787 inclusivement ; et il en résulte que, dans l'état actuel , on peut compter en France 25 millions 65 mille ames. Je sais qu'en ajoûtant à ces calculs le nombre des non-catholiques et des étrangers, on pourroit arriver jusqu'à 26 millions mais il suffit, pour le succès de ma proposition, que toutes ces combinaisons dirigées avec méthode, appuyées sur des bases obtenues à plusieurs époques éloignées par des arithméticiens politiques, ayent démontré que, depuis quarante ans, le royaume est peuplé au moins de 23 millions d'ames, et que ce nombre s'est progressivement élevé de 25 à 26 millions (1). On voit que c'étoit une grande erreur de publier, au milieu de ce siècle, que la France ne contenoit pas plus de 16 millions d'habitans.

L'opinion de sa prétendue dépopulation s'est donc accréditée par l'inexpérience des faits, et rien ne prouve encore que cette méprise fût une suite de l'exagération d'anciens dénombremens.

Voyons donc quel dégré de confiance mérite le travail des Intendans; c'est mon point essentiel. Tout ce que j'ai dit précédemment, a eu pour objet d'empêcher

____

(1) Quelques auteurs, dans des ouvrages très-modernes, ont porté le nombre des habitans de la France jusqu'à vingt-huit millions.

qu'aucuns préjugés , qu'aucune autorité imposante n'affoiblissent l'attention , par l'idée de l'inutilité de la recherche que je me propose de faire de bonne foi de l'état ou se trouvoit à-peu-près la population du royaume , sur la fin du siècle dernier.

La plus grande sûreté qu'on puisse avoir de l'exactitude d'une opération , ou d'un fait qui ne peut être mathématiquement démontré , c'est la connoissance de la méthode à l'aide de laquelle on a été à la recherche de la vérité , de manière à ne s'écarter , que le moins possible , de la certitude , soit en ne se tenant pas trop en deçà , soit en ne s'élançant pas trop au-delà du point fixe qu'il importe de saisir. Ce caractère de probabilité se rencontre dans la plus grande partie des notions rassemblées par les Intendans sur la population de leurs Généralités , pendant le siècle dernier.

Ceux de Bourges , Poitiers , Soissons, Tours , Moulins , Alençon , Strasbourg et Montpellier , ont donné le détail , par élections , du nombre de paroisses , de feux , de personnes sujettes à l'imposition , en faisant une addition , les uns des privilègiés , les autres des citoyens non catholiques.

Les intendans d'Aix, d'Amiens, de Besançon , Bordeaux , Châlons , Dijon , Grenoble , la Rochelle , Limoges , Lyon , Orléans , Paris , Rennes , Riom , Rouen , Caen , Pau , Lille , Valenciennes et Montauban, sont entrés dans moins de détails mais ils ont généralement annoncé que la connoissance de la population de leurs départemens résultoit des rôles de capitation faits pour les années 1695 , 1696 et 1697 , premières époques de la création de cet impôt.

On sait que cette basse n'est pas entièrement exacte , attendu que la fidélité du dénombrement dépend , dans ce cas , de l'intérêt et de la facilité que trouvent un plus grand nombre d'individus à éluder le payement de l'impôt ; mais si on s'éloigne de la précision par le défaut d'enregistrement de tous les citoyens qui sa-

vent se soustraire à l'acquittement des
charges publiques, ou qu'une extrême
pauvreté met hors d'état d'y contribuer,
on s'en écarte également dans la méthode de calculer la population par le
nombre de naissances, puisqu'alors on
ne peut comprendre les citoyens non-
catholiques qui ne font pas inscrire leurs
enfans sur les registres baptismaux. Des
deux côtés, il faut composer avec les er-
reurs d'omissions ; mais elles ont une certaine latitude, et c'est déjà partir d'un
point fixe que d'être assuré que, dans l'un
et l'autre mode, on ne peut pas tomber
dans l'exagération.

Il résulte de cette discussion que vers
la fin du siècle dernier, la population de
la France s'élevoit au moins à 20 millions
d'habitans, en y comprenant la Lorraine
qui ne fût restituée au duc Léopold qu'en
1697. Il n'est pas probable que ce nombre de 20 millions fut considérablement
au-dessus de la réalité, ainsi qu'ont paru
le croire les écrivains économistes.

L'auteur de la Dixme royale a le premier fait usage de cette connoissance de
la population de la France. Il a rassemblé les matériaux fournis par les Intendans , et y a joint des résultats qu'il a
obtenus, particulièrement pour les Généralités de Metz et de Perpignan , dont la
population n'est point indiquée dans les
mémoires des Intendans. Il a rapporté les
différentes opinions qu'on avoit sur ce
sujet, avant que son travail fût connu.
On estimoit , dit-il, la population , à la
paix de Riswick (1), à 15 millions d'ames,
et à celle d'Utrecht (2), à 13 millions ; et
enfin , le célèbre Vossius avoit imprimé
que la France ne contenoit pas plus de 5
millions d'habitans : tant il est facile
d'errer loin de la vérité , quand on n'a
que l'imagination pour guide dans les
calculs politiques !

Je n'ai pas dû cependant suivre servi-

____

(1) 1697.
(2) 1713.

lement les notions rassemblées sur la population des Généralités du royaume, dans le tableau annexé à la Dixme royale. Le total, pour toute la France, qui est de 19 millions 94 mille ames, ne comprend ni le nombre d'habitans de la Généralité de Bourges, ni celui des individus qui peuploient la Lorraine. Il a donc été indispensable que je recourusse aux mémoires des Intendans pour suppléer à ces omissions; mais j'ai eu besoin également de les consulter pour un autre objet. L'arrondissement de plusieurs Généralités, étant changé depuis le siècle dernier, j'ai cherché à connoître les élémens qui ont servi à former le résultat de la population de celles d'Amiens, de Lille et de Montauban; et les différens districts, qui en ont été démembrés depuis cette époque, ont été réunis aux Généralités dont ils font partie aujourd'hui. J'ai assuré de cette manière l'exactitude de la comparaison à établir entre les tems anciens, et le moment actuel.

Je suis arrivé par cette voye à un résultat de 20 millions 92 mille ames , pour
la population de la France à la fin du
siècle dernier , au lieu du total de 19
millions , 94 mille individus , constaté
par l'auteur de la Dixme royale , qui ,
outre les omissions qu'il a commises ,
paroît encore avoir été induit en erreur
sur la population du Haynaut , et sur
celle de la province de Normandie , an-
noncées plus fortes dans les mémoires
des Intendans des Généralités de Rouen ,
de Caen , d'Alençon et de Lille.

Je prie au surplus d'observer que le
succès des vérités générales , que j'ai entrepris de développer , n'exige qu'une notion approximative. Quand celle-ci seroit
erronnée , en plus ou en moins , d'un
trentième ou d'un vingt-cinquième , dans
les divisions générales du royaume que
j'ai établies , cette variation ne nuiroit
pas aux différentes conséquences que j'ai
tirées des résultats. Cependant pour achever le compte des motifs qui me les font

regarder comme très - vraisemblables , je vais énoncer quelques données comparatives entre la population de certaines Généralités , à la fin du siècle dernier , et au moment de la révolution.

Il est peut-être aussi utile que curieux d'apprécier les causes générales qui ont produit *la diminution* assez considérable qu'on remarque dans le nombre d'individus , qui peuploient sur la fin du siècle dernier les Généralités de Dijon et de Soissons , comparé au nombre d'habitans constaté aujourd'hui par la quantité annuelle des naissances dans ces mêmes départemens. Voici mes conjectures : Il est probable que la Bourgogne et le Soissonois étant limitrophes , et même enclavés dans la Franche-Comté, dans la Champagne , et dans la Picardie , ont servi d'asyle à un grand nombre d'habitans de ces dernières provinces absolument frontières , tourmentés par les guerres désastreuses faites sous Louis XIV , en Flandre , en Alsace , en Lorraine et en

Franche - Comté. Aussi - tôt que les campagnes seront devenues paisibles , les Colons auront regagné leurs foyers. Aussi remarque - t - on que la population de l'Alsace , de la Lorraine , et de la Franche - Comté , après avoir reconquis leurs timides habitans , a plus que doublé depuis ce siècle ; ce qui s'éloigne de toute proportion avec le taux d'augmentation progressive remarquée dans la population du royaume.

Cette explication, appuyée sur les faits, devenoit indispensable, parce qu'un premier apperçu pourroit faire regarder comme impossible , d'un côté *toute diminution* depuis 80 ans , dans la population des Généralités de Dijon et de Soissons, et de l'autre côté *une agumentation* aussi forte dans celles de l'Alsace , de la Lorraine et de la Franche-Comté (1). Des données qui

______

(1) Les rapprochemens faits par M. de Messance , du nombre de naissances dans trois cens huit paroisses de la Bourgogne, de 1690 à 1701 , et de 1752 à 1763, annoncent une augmentation dans la population d'un cinquième en faveur de la dernière

offrent une concordance aussi naturelle avec les événemens, doivent mériter un certain degré de confiance en faveur de

époque, comme je l'ai dit précédemment ; mais ce résultat ne peut pas contredire mon explication, par différentes raisons qui se fortifient réciproquement : 1°. parce que la Bourgogne doit contenir plus de douze cens paroisses, et que la recherche n'a porté que sur le quart de la totalité des paroisses : 2°. parce que, vu les circonstances où se trouvoit la Bourgogne, sur la fin du siècle dernier, à l'égard des provinces plus frontières, il n'est pas possible de tirer une conséquence générale d'une notion obtenue sur un district en particulier : 3°. parce que les autres districts supposés plus peuplés d'habitans, et celui même pris pour comparaison, devoient moins donner de naissances proportionnellement au nombre d'habitans, suivant que la terreur et l'oppression, la misère et l'ennui suspendoient l'exercice des facultés de la génération : 4°. enfin, si après une longue paix dans telle ou telle contrée, chaque naissance peut représenter vingt-cinq habitans, lorsqu'il s'agit d'une époque faisant partie de trente années de guerres presque non-interrompues, on pourroit bien ne pas compter plus d'une naissance sur trente ou quarante habitans, lorsque sur-tout la crainte retient des émigrans dans une terre étrangère qu'ils ont toujours l'espoir d'abandonner, pour faire un jour un établissement dans leur pays natal.

plusieurs parties des travaux des Intendans de la fin du siècle dernier.

Quelque soit les progrès de la science de l'administration en France, depuis ce siècle, on ne peut pas se dissimuler que nous devons quelques-unes de nos lumières au siècle précédent. Il a vu naître, sur la fin du règne de Louis XIV, des écrivains qui annonçoient le besoin d'étudier les rapports des choses dans les affaires politiques. L'abbé de Saint-Pierre, Bois Guilbert, Vauban, le comte de Boulainvilliers, ont entrevu les bons principes dont ils auroient poussé plus loin la démonstration, s'ils eussent été guidés par les faits ensévelis sous la poussière, dans le silence des bureaux. Il seroit contre toute vraisemblance de penser que les Intendans n'ayent par participé un peu au désir de se distinguer, que la haute réputation de Colbert devoit exciter, et que les critiques de sa gloire entretenoient par la contradiction. Sans doute les Intendans du siècle dernier n'ont pas mis dans leurs recherches

sur

sur les forces statistiques des provinces
de France, cette unité de plan, cet en-
chainement et cette clarté dans les idées,
cette étendue et cette justesse des calculs
politiques, ce brûlant amour de l'huma-
nité, qualités qui distinguent le livre de
l'administration des finances de la France;
mais est-il vrai que les connoissances qu'ils
ont déposées dans leurs mémoires, ne
puissent être d'aucune utilité en administration? Le métal pur ne s'y distingue-t-il
pas de l'alliage, ou plutôt, seroit-ce qu'on
a manqué jusqu'à présent de courage
pour l'en séparer à l'aide de l'analyse et
d'une saine critique? L'éditeur des mémoires des intendans, s'est bien vengé de
la peine qu'il a prise de réduire leurs info-
lios en des extraits moins volumineux; ses
personnalités, encore goûtées au tems où il
écrivoit, ont achevé peut-être de ruiner le
succès du fond des choses. Le comte de
Boulainvillier *professeur en aristocratie
françoise* reproche aux intendans d'être *des
hommes de petite condition, ennemis juré de*

la noblesse. Ce trait, et d'autres de la même naïveté, caractérisent l'esprit qui a dominé cet éditeur dans ses extraits critiques.

NOTE QUATRIEME.

ESTIMATION du numéraire effectif. — VALEUR du produit territorial et de l'industrie. — MONTANT de la dépense et de la dette publiques DE LA FRANCE, à la fin du dix-septième siècle, ou du règne de Louis XIV, et à l'époque de la révolution (1).

Estimation du numéraire effectif de la France, à la fin du dix-septième siècle, ou du règne de Louis XIV.

L'AUTEUR des recherches et considérations sur les finances de France, M. de Forbonnais annonce *que l'opinion géné-*

____

(1) Voyez Pièces justificatives : tableau, numéro 15.

N2

rale, *fondée sur les mémoires du tems, et sur ce qui se passa aux monnoies, à la refonte de 1689 , porte à croire qu'en 1683, il y avoit, en France , cinq cens millions d'espèces, le marc d'argent valant alors vingt-sept livres; ce qui suppose 18 millions 518 mille 518 marcs d'or, au titre de onze deniers de fin* (1).

Il démontre également (2) que lors de la refonte de 1689, il ne fut porté aux monnoies jusqu'en 1693, c'est-à-dire, pendant l'espace de quatre ans, qu'environ 400 millions de matières, ce qui lui donne l'occasion d'établir les deux conjectures suivantes :

Ou bien un cinquième de l'argent (cent millions), avoit été resséré dans ce tems où l'on avoit besoin d'une circulation intérieure très-active, pour réparer ce que le commerce perdoit; où bien, le cinquième des espèces avoit été réformé dans l'étranger; et en

____

(1) Tome premier, page 297. Edition *in-quarto.* Basle, 1758.

(2) Tome II, page 75 et suivantes.

supposant que le bénéfice de la réforme (évalué à un dixième pour cent) eût été partagé entre les étrangers et les proprié-taires de l'argent, il devoit y avoir 5 millions de moins dans le royaume.

Il est évident que l'admission de l'une ou de l'autre supposition dépend de la certitude du fait que les 500 millions de numéraire existant en 1683, à la mort de Colbert, devoient être encore dans le royaume dix années après. Mais que de circonstances avoient contribué à faire écouler une partie de notre numéraire chez l'étranger! La révocation de l'édit de Nantes et la persécution faite aux calvinistes, avoient forcé un grand nombre de famil-les à abandonner leur patrie, en empor-tant leurs capitaux. La France contre la-quelle l'Europe entière s'étoit liguée à Aus-bourg, fut forcée de déployer des ressour-ces si extraordinaires, qu'en 1692, elle entretenoit quatre armées, sur des terri-toires étrangers, en Flandre, en Alle-magne, en Piémont et en Catalogne: tandis que, dans le même espace de tems,

pour monter une marine redoutable aux
Hollandois et aux Anglois, il fallut acheter dans le Nord, pour des sommes immenses, en bois de construction, en métaux, en cordages, en bray et goudron,
et autres approvisonnemens dévorés en
partie dans la journée de la Hogue. Quelques soient les évaluations qu'on applique à tous ces emplois d'argent, on ne
peut se refuser à conclure que, sur les
100 millions qui n'avoient pas passé aux
monnoyes en 1693, 50 millions au moins
étoient devenus définitivement la propriété des étrangers ; alors on peut
estimer tout au plus à 450 millions
le numéraire effectif resté dans le
royaume en 1693 ; des 500 millions re-
connus existans à la mort de Colbert ;
ces 450 millions ou 17 millions 666
mille 667 marcs d'argent, à 31 livres
le marc, équivaloient à une somme de
548 millions environ.

Ce n'est pas le montant du numéraire
effectif existant dans le royaume à cette
dernière époque qu'il m'importe plus par-

ticulièrement de connoître ; c'est celui qui, s'y trouvoit en 1697 , que je désire pouvoir apprécier : je continuerai donc ma recherche, en prenant toujours pour guide l'ouvrage de M. Forbonnais, avec lequel je ne diffère dans les résultats que parce que nous envisageons la question sous des points de-vue différens. Cet auteur avoit pour objet de faire connoître le danger de l'opération de la refonte des monnoyes, parce que le bénéfice que le gouvernement en espéroit, provoquoit le billonage chez l'étranger, et il suppose que ce billonnage a été exercé sur toute la partie de la masse d'argent existante en France à la mort de Colbert, laquelle masse n'étoit pas présentée aux hôtels des monnoyes. Mon opinion, au contraire, est que la différence dans le numéraire des deux époques, n'est pas seulement apparente, qu'elle n'est pas l'effet unique du billonnage, mais qu'elle est encore une suite nécessaire des besoins et des fautes de la France , qui ont dû entraîner l'écoulement effectif d'un *dixième* au

N 4

moins de son numéraire dans un espace de dix années.

On a remarqué, continue M. de For-bonnais (1), *que sur la fin de l'année 1693, une nouvelle refonte avoit été ordonnée*; il fut porté aux monnoyes, en six ans , (c'est-à-dire jusqu'en 1697), 266 millions de matières. » L'auteur continue dans le même esprit , et d'a-près les mêmes bases, de faire apper-cevoir les funestes effets de ce genre d'o-pération sur les monnoyes , et il suppose que le billonage priva le roi de trois sep-tièmes de son bénéfice ou 43 millions , puisque le produit de cette seconde re-fonte ne se trouve que de 55 millions, au lieu de 98 millions environ , à raison de six pour cent de bénéfices sur 595 *millions supposés existans dans le royaume.*

Mais cette supposition paroîtra exagé-rée , si l'on considère que la richesse de la

____

(1) Tome II, pag. 96 et suivantes.

France en numéraire devoit nécessaire-
ment s'affoiblir , soit par les effets que
produisirent depuis 1693 six années
d'une guerre continuée dans les pays
ennemis , soit par la retraite des religion-
naires persécutés jusques dans les Céven-
nes, et par l'inactivité dans laquelle la
désertion des principaux ouvriers avoit
laissé les habitans des villes manufactu-
rières, devenues à leur tour tributaires
de l'étranger pour certains objets de luxe.
Toutes ces considérations portent à croire
que le numéraire effectif évalué à 500
millions, ou à 18 millions 518 mille 518
marcs sur le taux de 27 livres, à la mort
de Colbert en 1683, présumé avec fondement être diminué d'un dixième en
1693 , avoit encore éprouvé une diminution réelle , dans la même proportion , six
années après.

Dans l'espace de 17 ans , la masse des
espèces en circulation dans le royaume a
donc pu diminuer d'un cinquième , et
d'après cette hypothèse la plus vraisemblable , puisque les auteurs contemporains

(1) évaluent à 60 millions la seule dépense
de la guerre, terminée en 1697, le numéraire existant alors doit être estimé au
plus à 14 millions 814 mille 815 marcs,
qui, à 33 livres chaque, donnent la somme de 489 millions environ.

Il reste maintenant à déterminer la
masse numéraire, existante à la mort de
Louis XIV. M. de Forbonnais, en annon-
çant la refonte ordonnée au mois de décembre 1715, établit qu'en partant toujours de celle de 1689, qui, au prix du
nouvel édit de 1715, fut de   627,000,000

Qu'en y ajoutant pour les
   espèces non - rentrées
   dans cette première ré-
   formation environ,   173,000,000

Qu'en y réunissant les ma-
   tiéres étrangères impor-
   tées depuis 1689 environ,   200,000,000
On obtiendra un résultat
                           ____
d'un milliard, ci,   1,000,000,000

____

(1) Annales politiques de l'abbé de Saint-Pierre.

Cette somme est présumée former le montant du numéraire en circulation, en 1715; mais, continue M. de Forbonnais, on ne devoit pas espérer qu'elle existât dans le royaume, parce que le discrédit continuel, dans lequel les affaires se trouvoient abîmées depuis 15 ans, avoit fait sortir un argent infini sans compter les pertes des fontes précédentes; en effet, il ne fut monnoyé, dit le même auteur, depuis le mois de décembre 1715, jusqu'au premier juillet 1717, que 379 millions 237 mille livres qui à 35 livres donnent 10 millions 835 mille 342 marcs environ. Voyons ce qu'il faut y ajouter.

J'ai établi avec vraisemblance qu'en 1697, il n'existoit qu'environ 14 millions 814 mille marcs d'argent : il n'est pas possible de penser que cette quantité puisse être augmentée 18 années après, lorsqu'on se retrace les évènemens désastreux de cette période; la guerre ruineuse de la

---

tome premier, page 398. Édition *in-douze*. Londres, 1758.

succession Espagnole, la famine de 1709, ont dû occasionner une sortie considérable d'espèces françoises ; leur rareté et le discrédit étoient tels que Louis XIV, peu de tems avant de mourir, pour se procurer 8 millions d'argent comptant, fut obligé de donner à négocier 32 millions de billets ou de rescriptions. On peut croire à la vérité que la totalité du numéraire effectif existant dans le royaume, ne fut pas représentée à la refonte de 1715 ; mais en ajoutant un quart, évaluation adoptée, par rapport à la refonte de 1689, pour ce qui ne fut pas porté aux hôtels des monnoyes, on obtiendra un résultat, à la mort de Louis XIV, de 474 millions 46 mille livres, qui à 35 livres donne 13 millions 544 mille 177 marcs ; car, encore une fois, c'est par nos pertes depuis 1689, que nous devons calculer postérieurement notre richesse en numéraire, et non pas d'après l'accroissement supposé en matières étrangères que procure le commerce extérieur, qui ne fit plus que décliner, depuis la mort de Colbert, jusqu'à celle de Louis XIV.

RÉSUMÉ.

Numéraire effectif dans le royaume à la fin du dix-septième siècle, ou du règne de Louis XIV.

Faisant suivant le prix actuel de 54 livres le marc d'argent.

Environ.

En 1683 { année de la mort de Colb. } 18 millions 518 mille 518 { marcs d'argent. } à 27 l. 500 millions   1, milliard,

En 1693   —   17 millions 666 mille 667   —   à 31 l, 548 millions   954 millions.

En 1697   —   14 millions 814 mille 815   —   à 33 l. 489 millions   800 millions.

En 1715   —   13 millions 544 mille 177   —   à 35 l, 474 millions   731 millions.

Environ.

Estimation du numéraire effectif de la France, à l'époque de la révolution.

M. Necker, dans son livre de l'administration des finances de la France, a indiqué que la masse du numéraire effectif, au premier janvier 1784, pouvoit s'élever à 2 milliards 200 millions, en déduisant du montant de la fabrication en monnoyes d'or et d'argent, depuis 1726 jusqu'alors, 300 millions pour les espèces détruites ou exportées à l'étranger, pendant ce laps de tems.

Un autre Génévois, également habile calculateur politique, (1) en cherchant à établir l'opinion de l'insuffisance du numéraire actuel de la France, prend pour bases les mêmes données ; mais il s'aide de l'expérience qu'à pu lui fournir la refonte des monnoyes d'or, commencées en 1785 ; il démontre pourquoi la fabrication de louis, qui s'élève à environ 780 millions depuis cette époque, ne peut être

______

(1) M. Clavière, opinion d'un créancier de l'état.

évaluée qu'à 690 millions, après avoir déduit, 1°. le déficit dans le poids du nouveau louis, dont il faut 104 pour faire 100 louis anciens; 2 . les nouvelles matières frappées aux hôtels des monnoyes depuis la refonte.

Ces 690 millions d'espèces d'or , rapprochés des 978 millions de louis frappés au hôtels des monnoyes depuis 1726, jusqu'au premier janvier 1784, annoncent que le déficit sur l'or est de 288 millions. M. Clavière suppose un déficit semblable pour l'argent, quoique, dit-il, sa masse soit au moins à l'or comme trois sont à deux ; la déduction de 300 millions est donc trop foible, conclut-il, pour les espèces détruites et fugitives depuis 58 ans, et la fixation du numéraire de la France à 2 milliards 200 millions , a donc été portée trop haut.

M. Clavière énonce ensuite différentes circonstances qui concourent à diminuer le numéraire en France ; mais il n'arrête son opinion , relativement à la masse en circulation dans le Royaume , sur aucun point déterminé; il paroît seulement croire

qu'elle est au dessous de deux milliards.
En suivant cependant la proprotion de
trois à deux , qui existe entre les monnoyes d'or et d'argent, dans leur fabrication depuis 1726 , il s'ensuivroit que la
somme des louis fixée , plus haut , à 690
millions, porteroit celle de l'argent à un
milliard 35 millions ; alors la totalité du
numéraire s'éleveroit à 17 cens 25 millions , ci. 1,725,000,000

Ensuite la diminution
sur l'or , de 90 millions ,
faite par l'auteur des opinions d'un créancier de l'é-
tat , sur les 780 millions de
louis frappés depuis 1785,
aux hôtels-des-monnoyes ,
peut se classer de ces deux
manières.

Première déduction con-
sistant dans le 25e. des 780
millions de louis neufs pour
leur moindre poids com-

milliard millions.

1,725,000,000.

parés

milliard millions.

De l'autre part, ci... 1,725,000,000.

parés aux anciennes mon-
noyes d'or, ci. 31,200,000

Deuxième dé-
duction pour les
nouvelles matiè-
res converties en
louis neufs, ci. 58,800,000.

Total égal au
montant de la

déduction.... 90,000,000.

On apperçoit que le pre-
mier article de 31 millions,
200 mille livres, est absolument nul dans la masse
actuelle du numéraire ef-
fectif de la France.

Quant au second article
de 58 millions 800 mille
livres, considérés comme le
produit des nouvelles ma-

milliard millions.

1,725,000,000.

Tome II. O

milliard millions.

De l'autre part , ci . . . 1,725,000,000.
tières , ils augmentent réel-
lement la masse de notre
numéraire , déduction du
25e. pour la foiblesse du
poids des nouveaux louis ,
sur les anciens. Ci environ.　　56,000,000

Ces 56 millions de mon-
noye d'or , ne faisant pas
partie des 690 millions qui
ont servi de base à l'évaluation de la masse de l'argent
dans la proportion de trois
à deux, il convient de porter ici en addition pour cet
objet, et d'après les mêmes
rapports, la somme de. . .　　84,000,000

Je n'arbitrerai aucune
somme pour la masse des
vieux louis , actuellement
existant dans le royaume,
quoiqu'il soit vraisembla-

milliard millions.
1,865,000,000.

milliard   millions

De l'autre part, ci. . . 1,865,000,000.

ble que la refonte commen-
cée sur la fin de 1785, a dû
se ressentir des craintes
qu'ont pu concevoir les propriétaires par l'effet de notre situation politique depuis 1787, surtout lorsqu'il
s'agissoit de leur part, de
faire diminuer d'un 25e. la
masse de leur or ; mais je
dois tenir compte des profits résultans de la balance
du commerce pendant les
cinq années écoulées depuis
le premier janvier 1784,
jusqu'au dernier décembre
1788, profits payés en argent
et convertis en numéraire,
depuis l'époque des calculs
arrêtés par M. Necker.

La balance du commerce

milliard   millions

1,865,000,000.

milliard millions.

De l'autre part, ci... 1,865,000,000.

a procuré au royaume une somme au moins de 3o millions, pour chacune des années 1784, 1785 et 1786 ; en tout 90 millions, dont il a pu être porté aux hôtels des monnoyes, environ. . .   80,000,000

Celle des années 1787, et 1788, a dû être moins considérable par une suite de notre traité de commerce avec l'Angleterre.

Elle doit être cependant évaluée au moins à 40 millions pour les deux années, pendant lequel tems il a pu être porté aux hôtels des monnoyes, environ. . . .   36,000,000

T o t a l. . . .   1,981,000,000

Il paroît donc difficile, quelque route que l'on prenne pour évaluer la masse du numéraire en France au moment de la révolution, de ne pas arriver à un résultat au moins de 2 *milliards* ; car les dernières supputations que j'ai établies sont , de crainte d'exagération , d'un quart au dessous des données qui dérivent des connoissances acquises sur l'étendue annuelle des importations et des exportations de la France avec l'étranger.

Objectera-t-on que , dans notre position présente , l'abondance du numéraire doit être affoiblie principalement par notre traité de commerce avec l'Angleterre , par l'achat des grains chez l'étranger et par l'émigration des riches propriétaires? On peut répondre que cet état de choses est accidentel ; que dans les calculs précédens, on a tenu compte des pertes en numéraire occasionées par le traité de commerce avec la Grande - Bretagne ; qu'on n'y a fait entrer aucuns élémens relatifs à l'année 1789 ; que nos profits habituels de commerce , quoique réduits , serviront à une partie de nos besoins extraordinaires d'argent ; que sans

doute la France n'acquérera pas cette année ni la suivante aucune nouvelle masse
de numéraire ; que peut-être sacrifiera-t-
elle cent millions de celui qu'elle possé-
doit avant la révolution. Mais toutes ces
circonstances prises en considération ne
peuvent empêcher de conclure qu'à l'é-
poque de la régénération de l'empire françois, il pouvoit y avoir en circulation dans
le royaume une masse effective de 37 millions 37 mille 37 marcs d'argent fin, qui à
54 livres chaque marc, doivent être repré-
sentés par un numéraire de 2 milliards.

*Valeur du produit territorial et de l'indus-
trie de la France à la fin du dix-
septième siècle.*

DAVENANT, auteur Anglois du dernier
siècle, homme public et profond calculateur politique, a laissé dans un mémoire qu'il rédigea en 1698 sur la position comparative de l'Angleterre, de la
France et de la Hollande, avant et de-

puis la guerre, différentes notions sur le montant du revenu général des trois Puissances.

Sous cette dénomination de revenu général, il annonce entendre *le produit général des terres, du commerce intérieur et extérieur*, enfin *de toutes les occupations des citoyens*.

Il estimoit qu'en 1698, ce revenu montoit, pour la France, à 81 millions sterlins ; ce qui donne, monnoye actuelle, 1 milliard 984 millions 500 mille livres tournois, ou 36 millions 750 mille marcs, à 54 liv. le marc (1).

---

(1) M. Clavière, dans son ouvrage de la foi publique envers les créanciers de l'état, etc. porte d'après Davenant le revenu général de la France, en 1698, jusqu'à 2 milliards 58 millions. Il paroît avoir été induit en erreur, par le double apperçu de ce revenu donné par Davenant.

Avant la guerre, en 1688, 84 millions sterlings à 24 livres 10 sols, font 2 milliards 58 millions.

Depuis la guerre, en 1698, 81 millions sterlings à 24 livres 10 sols, font un milliard 984 millions 500 mille livres.

C'est le premier apperçu dont l'auteur moderne à fait usage, et qu'il applique à la seconde époque.

O 4

Valeur du produit territorial et de l'in-
dustrie de la France à l'époque de la
révolution.

LES économistes, qui ont ramené en
France l'attention sur les véritables sources de la richesse nationale, ont cherché
à en évaluer le produit.

Il est tombé dans la même méprise à l'égard de l'é-
valuation du revenu général de l'Angleterre, que
Davenant annonce être.

Avant la guerre, en 1688, 44 millions sterlings; à
24 livres 10 sols, font un milliard 78 millions.

Depuis la guerre, en 1698, 43 millions sterlings; à
24 livres 10 sols, font un milliard 53 millions
500 mille livres.

Voyez recherches et considérations sur les finances de
France, édition *in - quarto*. Basle, 1758. Tome II,
page 296.

L'utilité de cette observation est d'éviter, à mon
égard, tout soupçon d'inexactitude, si j'étois trouvé
en contradiction avec un auteur connu par beaucoup
de sagacité. Sa méprise ne change, d'ailleurs, rien
aux justes conséquences qu'il a tirées de la comparaison des revenus actuels et précédens des deux
nations Françoise et Britannique.

Leurs hypothèses ont fait varier les résultats de la réproduction annuelle, depuis 3 milliards 134 millions (1), jusqu'à 4 milliards (2).

Il a pu être difficile d'apprécier à quelle distance ces évaluations approchent de la réalité, tant que l'administration françoise, au lieu d'unir avec le zèle et le bon esprit des écrivains distingués les différentes notions qu'elle étoit à même de rassembler sur la richesse publique, a fait un mystère des connoissances dont la publication auroit accusé l'indolence et l'incapacité de ses principaux agens. Mais aujourd'hui, que l'expérience des faits est encore plus le patrimoine de la nation, que celui des citoyens appellés par leurs positions particulières à les étudier ; aujourd'hui que la carrière du bien public est libre, la société a déjà profité

---

(1) De l'administration provinciale et de la réforme des impôts par M. le Trône. Tome premier, p. 70, de l'édition de 1788.

(2) Lettre à la chambre du commerce de Normandie, par M. Dupont, pag. 79.

de ces lumières éparses, à leur origine, et qui ont besoin d'être rassemblées dans un même foyer, d'être combinées par un même esprit, pour être employées avec succès au développement et à la solution des questions importantes de l'économie politique.

Il m'a paru que le mémoire sur le commerce de la France et de ses Colonies, publié en 1789, avec cette épigraphe, *non ut doceam sed ut docear*, étoit propre à faire prendre une opinion dé-finitive sur la valeur actuelle du revenu général de la France (1). Le produit de nos manufactures sur-tout, dérive de connoissances positives sur la fabrication annuelle de chaque branche de notre industrie, et la somme n'en pouvoit être constatée très-approximativement que par les soins de l'administrateur qui a fait concourir au même but le grand nombre d'agens qui ressortissent à son département.

____

(1) De l'imprimerie de Moutard.

Voici les parties nominales des quatre divisions établies dans cet ouvrage, pour trouver le produit actuel du revenu général de la France.

		millions.	
Agriculture.	Grains. . .	700,000,000	1,826,000,000 l. (1)
	Consommation en bestiaux..	400,000,000	
	Fourages. .	60,000,000	
	Vins et eaux-de-vie. . .	350,000,000	
	Huiles. . .	60,000,000	
	Bois. . . .	146,000,000	
	Laine . . .	35,000,000	
	Soie (*). . .	25,000,000	
	Lin et chanvre.	50,000,000	

---

(1) Pour ne négliger aucuns moyens de porter la lumière dans une matière aussi importante, je vais rapprocher de ce résultat celui obtenu par des procédés différens, sur le produit net territoriale de la France, présenté dans l'assemblée national, à la séance du 5 octobre 1790, par M. Dellay d'Ag er, l'un de nos représentans.

(*) Les articles marqués d'un astérique m'ont paru susceptibles d'être commentés, ainsi qu'on le verra dans la suite de cet article.

Agricult., *d'autrepart, ci.* . 1,826,000,000

(milliard / millions.)

Il réduit à 102 millions d'arpens en culture, les 150 millions que contient la France. Voici sa division.

Espèces de culture.	Nombre d'arpens. (milliers.)	Produit net en argent. (millions.)
Grains. .	70,000,000	556,400,000
Prairies de toute nature. .	6,000,000	54,000,000
Bois de toute nature. . .	8,000,000	46,000,000
Vignes. . .	2,000,000	37,200,000
Terres vagues, landes, broussailles, pâtis, marais ou bas prez.	16,000,000	16,000,000
Étangs, prez à tourbières, maraissalans, usines, mines, carrières.		15,000,000
Total des arpens cultivés.	102,000,000	Total du produit net 724,600,000

A quoi il faut ajouter les frais de culture et de récolte, la valeur de la semence servant à la reproduction, les bénéfices du fermier ou propriétaire cultivateur. Ils s'élèvent au double du produit net, sur-tout par rapport à la culture des grains, suivant M. Dellay d'Agier.   724,600,000

Montant total du produit brut de l'agriculture. 1,449,200,000

Mais observons que M. Dellay d'Agier ne comprend ici que les revenus des fonds territoriaux de

milliard millions.

Agricult., *d'autre part, ci.*   1,826,000,000

Toilerie. . .	161,250,000
Lainage. . .	92,500,000
Soierie. . .	41,600,000
Modes. . .	5,000,000
Ameublemens en tapisserie.	800,000
Mercerie et clincaillerie.	75,000,000
Tannerie et pelleterie. .	6,000,000
Papeterie. .	7,200,000
Orfèvrerie, bijouterie en fin.	2,500,000
Manufactures à feu (forges, verreries, fayanceries, etc.)	38,200,000

Manufactur. arts et métiers.

430,050,000

la France , indépendamment de toute industrie extraordinaire agricole ; de manière qu'il supprime de son calcul les produits en bestiaux, en laine, en soie, et qu'il ne fait pas même mention des terres ensemencées en lin et en chanvre. Tous ces objets doivent former une différence de près de 400 millions, telle qu'elle existe en effet, entre son résultat et celui de l'auteur du mémoire sur le commerce de la France et de ses Colonies.

milliard   millions.

Agricult., *d'autre part, ci...* 1,826,000,000

Manufactures, arts et mé-
tiers, *d'autre*
part, ci. . . 430,050,000

Manu-factur. arts et mé-tiers.			
Fabriques de savons. . .	5,000,000		
Raffinerie de sucres. . .	4,800,000		
Sels. . . .	2,700,000	524,950,000 l.
Tabacs. . .	1,200,000	
Amidon. . .	1,200,000	
Pêcheries * .	20,000,000	
Arts et métiers.	60,000,000	

Produits de l'agriculture des
Colonies d'Amérique. . . 200,000,000

Produits des maisons et bâtimens, tant de ville que
de campagne. . . . 300,000,000

Supplément pour omis-
sions et arriver à une 2,850,950,000
somme ronde. 149,050,000

TOTAL. . . . 3,000,000,000,000

C'est donc à un résultat de trois mil-

liards qu'on parvient par des calculs mé-
thodiques. Mais l'auteur même annonce
qu'il ne comprend pas dans la masse des
produits les bénéfices que peuvent faire
sur les consommateurs, les négocians,
commissionnaires et marchands ; qu'il
n'y fait pas entrer le fret pour l'importation et l'exportation des objets que nous
envoyons dans nos colonies, et ceux que
nous en tirons. Ajoutons qu'il faut encore
évaluer les bénéfices acquis par nos navigateurs employés au transport des marchandises d'un port à l'autre du royaume,
par ceux qui naviguent chez les puissances
étrangères, enfin les bénéfices du commerce extérieur. Tous ces profits forment
autant de genres d'occupations, autant
de moyens de subsistance pour le peuple;
ils doivent donc entrer dans un tableau
complet du revenu général de la nation,
et l'auteur Anglois les y a compris, (ainsi
qu'il l'observe,) dans l'estimation du revenu général de la France à la fin du
siècle dernier. M. Young lui-même, en
calculant récemment le revenu général

de l'Angleterre, a porté les profits des manufactures et du commerce à 37 millions sterlings, ou 906 millions 500 mille livres tournois (1).

On ne peut donc se livrer à aucune comparaison entre la première époque et celle actuelle, qu'après avoir établi l'estimation des bénéfices du commerce et de la navigation aussi exactement qu'il sera possible. Je commencerai par différentes réflexions qui tendent à prouver que le produit des soies et celui des pêcheries sont évalués dans le mémoire sur le commerce de la France et de ses Colonies à une somme trop foible de plus de moitié, et que la valeur du produit de l'agriculture de nos isles d'Amérique, est portée à une somme beaucoup trop forte.

____

(1) A 24 livres 10 sols chaque livre sterling.

1°. *Produit*

Sommes à ajoûter.	Sommes à diminuer.

1⁰. *Produit des soies à 25 millions.*

Un inspecteur des manufactures de Languedoc évaluoit en 1775 (1), à 30 mille quintaux, et à 79 millions tournois la récolte des soies dans le royaume. Il rapporte les différentes quantités et qualités de soies récoltées dans les principaux cantons avec leur prix relatif, de manière que ce résultat m'a paru avoir le plus grand dégré de probabilité; et je trouve dans l'ouvrage même sur le commerce de la France et de ses Colonies que j'analyse, une nouvelle preuve de la vraisemblance de cette évaluation.

______

(1) Réflexions critiques sur la muriométrie. Paris, 1775, pag. 170 et suivantes.

Tome II.　　　　　　　　　　　　P.

	Sommes à ajouter.	Sommes à diminuer.

On y fait monter au chapitre des manufactures, la fabrication des étoffes, bonneteries, rubans, gazes , blondes et ouvrages de passementerie en soies à 125,000,000. et on ajoute (1) :

« la main d'œuvre
« sur les ouvrages
« en soie ne va pas
« au . delà du tiers
« de la valeur des
« productions; ain-
« si le montant de
« toute . notre fa-
« brication en soi-
« rie étant de 125
« millions , on a

(1) Mémoire sur le commerce de la France et de ses Colonies, page 33.

		Résultat de 3 milliards.	
		Sommes à ajouter.	Sommes à diminuer.
« pour la valeur de « la main-d'œuvre « un peu plus de...	41,600,000.		
Il restera donc 83 millions environ pour la valeur de la soie. Or nous n'en recevons annuellement de l'étranger que pour....	27,000,000.		
Les récoltes du royaume doivent conséquemment en fournir, afin de suffire à nos besoins, au moins pour	56,000,000.		

Cette somme de 56 millions est à la vérité éloignée de celle de 79 millions fixée il y a 15 ans pour la récolte des soies dans tout le royaume ; mais indépendamment de ce que cette dernière somme peut être un peu exagérée, on peut penser que , depuis cette époque, la fabrication des soieries et la récolte de la soie sont diminuées en France. Quoiqu'il en soit, il est difficile de croire que cette récolte ne s'élève pas aujourd'hui à 5o millions au moins. En augmentation. . 25 millions.

2₀. *Pêcheries , 2o millions.*

Les tableaux de la balance du commerce d'où l'on annonce avoir tiré l'é-

Résultat de 3 milliards.	
Sommes à ajouter.	Sommes à diminuer.
25 millions.	
25 millions.	

	Sommes à ajouter.	Sommes à diminuer.
De l'autre part, ci..	25 millions.	

valuation du produit de nos pêcheries n'étoient pas complets dans cette partie, lorsqu'ils ont été consultés.

Les résultats terminés depuis portent la valeur des pêches, tant extérieures que sur nos côtes, à . . 3o millions.

On ajoutera seulement les deux tiers pour le produit des pêcheries intérieures du royaume, ci . . 2o millions.

Total . 5o millions.

En augmentation . . . 3o millions.

55 millions.

P 3

Sommes à ajouter.	Sommes à diminuer.

De l'autre part, ci. . 55 millions.

3°. *Colonies.* (*Produits de son agriculture,* 200 *millions*).

Il faut d'abord observer que c'est particulièrement dans les marchés de l'Europe que s'élèvent à 200 millions de valeurs les produits de l'agriculture des colonies françoises de l'Amérique. Il me semble qu'il faut déduire de cette valeur toutes les sommes qui sont représentatives des produits de l'agriculture et de l'industrie de la Métropole, consommés par les Colons et autres agens de l'agriculture de nos Colonies.

55 millions.

Sommes à ajouter,	Sommes à diminuer.

De l'autre part , ci.. 55 millions.

Au chapitre des produits de nos manufactutes , n'a-t-on pas déduit de la masse de notre fabrication en soieries , la valeur de la matière première déjà portée comme produit de notre agriculture ?

A l'article *des fourages , n'a-t-on* pas distrait les valeurs 1°. de la *partie qui sert à nourir les chevaux destinés au labourage , dont la dépense est comprise dans le produit des terres ;* 2°. *celle qui sert à la nourriture des animaux engraissés pour les boucheries ?* car ce seroit , a-t-on dit, *faire un double emploi*

55 millions.

P 4

	Résultat de 3 milliards.	
	Sommes à ajouter.	Sommes à diminuer.

De l'autre part, ci.. 55 millions.

que de compter leur produit et ensuite leur nourriture (1).

N'est-ce donc pas également faire un double emploi que de compter d'abord la masse des productions de notre sol et de notre industrie destinées à vétir et à nourir les colons libres ou esclaves, et de comprendre ensuite comme bénéfices, la partie des denrées coloniales représentative de ces mêmes valeurs, en marchandises françoises consommées et rembour-

55 millions.

______

(1) Mémoire sur le commerce de la France et de ses Colonies, page 8.

	Sommes à ajouter.	Sommes à diminuer.
De l'autre part , ci...	55 millions.	

sées par les Colons, et faisant déjà partie des estimations du revenu général de la France?

Les tableaux de la balance du commerce démontrent que la somme totale des produits de l'agriculture et de l'industrie françoise exportés de la métropole, soit directement dans nos colonies d'Amérique, soit indirectement par la traite des Noirs à la côte d'Afrique, s'élèvent à 78 millions.

Ainsi, sur la somme de 200 millions à laquelle on fait monter la valeur du produit annuel et territorial

55 millions.

	Sommes à ajouter.	Sommes à diminuer.
De l'autre part, ci...	55 millions.	

de nos colonies, il ne reste plus de bénéfice en accroissement du revenu général de la France, que 122 millions de valeurs, à partager entre les propriétaires des terres de nos colonies, les agens libres de la culture, les négocians, commissionnaires, marchands, navigateurs François employés exclusivement à tous autres aux transactions commerciales entre la métropole et les colonies. Mais une seconde déduction à faire sur ces 122 millions, consiste dans le montant du remboursement en denrées

55 millions.

	Sommes à ajouter.	Sommes à diminuer.
De l'autre part, ci...	55 millions.	

coloniales, qui doit s'effectuer au profit des nations étrangères pour leur fourniture évaluée à 22 millions, en marchandises portées en Amérique et à la côte d'Afrique. Il faut donc réduire à 100 millions de *bénéfice net* pour la France, le revenu en terres et profits de commerce, résultans de la possession de ses colonies en Amérique. Dans cette somme de 100 millions, se trouvent compris les bénéfices du fret pour le transport des marchandises livrées réciproquement. C'est un objet de 25 mil-

55 millions.

	Sommes à ajouter.	Sommes à diminuer.
De l'autre part, ci... 55 millions.	55 millions.	
lions, ainsi que l'observe avec exactitude l'auteur du mémoire sur le commerce de la France et de ses colonies. . . . Diminution.		100 mill.
	55 millions.	100 mill.

4o. *Commerce de la France et de ses Colonies d'Amérique avec les nations étrangères.*

§. PREMIERE.

Importation de l'étranger en France ou dans ses Colonies d'Amérique,

La valeur des marchandises reçues des nations étrangères, tant en France que dans nos colonies d'Amérique, monte à une somme de 380 millions, rendues tant dans les ports que dans

Résultat de 3 milliards.

	Sommes à ajouter.	Sommes à diminuer.
De l'autre part, ci...	55 millions.	100 mill.

les lieux d'entrepôts frontières. En voici la division.

Le montant des fournitures faites par les étrangers à nos Colonies d'Amérique, est de... 20 millions.

La valeur des marchandises voiturées en France par terre, est de. . . . . . 87 millions.

La valeur de celles voiturées en France par mer, s'élève à.. 273 millions.

Total... 380 millions (1).

	55 millions.	100 mill.

(1) Cette somme de 380 millions comprend entre autres articles une valeur fixée sur différentes no-

Résultat de 3 millions.

	Sommes à ajouter.	Sommes à diminuer.
De l'autre part, ci...	55 millions.	100 mill.
Les bénéfices résultans du transport des deux cens 75 millions de marchandises voiturées par mer,		
	55 millions.	100 mill.

tions spéculatives pour le commerce d'importation dans les provinces d'Alsace, de Lorraine et des Trois-Evêchés. 2°. Une somme de 12 cens mille livres en tabac de bresil, acheté à Lisbonne par les navires françois, en faisant route pour la traite des Noirs à la Côte d'Or : les tableaux de la balance du commerce ne peuvent offrir pour 1787 aucuns renseignemens positifs sur ces objets. 3°. Une valeur additionnelle à raison de 30 pour cent au-dessus du prix déclaré sur les marchandises des fabriques et manufactures angloises, importées en France. 4°. Une somme de 600,000 livres en poissons de la méditerrannée, produits de la pêche des Catalans, Napolitains et Genois, qui en font la vente à Marseille.

	Sommes à ajouter.	Sommes à diminuer.
De l'autre part, ci...	55 millions.	100 mill.

montent, pour les navigateurs étrangers de toutes nations, à . . . 10,500,000

    Pour la part des navigateurs françois à. 2,600,000

    En tout . 13,100,000 l.

    Le prix de ces achats de marchandises importées par mer, est donc de... 259,900,000

    Or le bénéfice du fret étant de 13 millions environ, présente un profit pour cette branche d'industrie d'à-peu-près

| | 55 millions. | 100 mill. |

	Sommes à ajouter.	Sommes à diminuer.
De l'autre part, ci...	55 millions.	100 mill.

5 pour cent sur le prix total des marchandises étrangères rendues dans nos ports. La part de ce bénéfice pour les navigateurs françois n'est, ainsi qu'il est indiqué plus haut, que de. . . 2,600,000

Il faut observer que la masse générale des 380 millions de marchandises apportées de l'étranger en France n'est pas entièrement destinée pour la consommation du

2,600,000l.	55 millions.	100 mill.

royaume,

Résultat de 3 milliards.

	Sommes à ajoûter.	Sommes à diminuer.
De l'autre part, ci...	55 millions.	100 mill.

De l'autre part, ci . . . . 2,600,000 me , ou de ses colonies. Le neuvième environ de cette valeur a été réexporté et n'a laissé que des bénéfices de commission, de transit et d'entrepot. Les huit autres neuvièmes au contraire procurent aux capitalistes, aux négocians, aux commissionnaires, aux marchands, aux

2,600,000l.	55 millions,	100 mill.

Tome II.   Q

Résultat de 3 milliards.

	Sommes à ajoûter.	Sommes à diminuer.
De l'autre part, ci...	55 millions.	100 mill.

De l'autre part,
ci 2,600,000
journaliers emball-
leurs, aux voitu-
riers et autres a-
gens , soit en
France, soit dans
nos Colonies d'A-
mérique, d'amples
profits, avant de
parvenir aux con-
sommateurs reg-
nicoles ou de ces
mêmes colonies.
Peut-on penser
que le total de ces
bénéfices puisse
s'élever à un taux
au-dessus de 30
pour cent de la

| 2,600,000 l. | 55 millions. | 100 mill. |

Résultat de 3 milliards.

	Sommes à ajoûter.	Sommes à diminuer.
De l'autre part, ci... 55 millions.		100 mill.
De l'autre part, ci . . . . 2,600,000 valeur de ces marchandises, lorsque l'on a la preuve que le seul profit du fret qui oblige à des avances de construction, d'entretien, de réparation, à des risques de capitaux et à des périls personnels, n'a augmenté le prix de la masse que d'environ 5 pour cent (1)?		
2,600,000l.	55 millions.	100 mill.

(1) Le bénéfice de 5 pour cent à l'importation pour les navires qui transportent les marchandises,

Résultat de 3 milliards.

	Sommes à ajoûter.	Sommes à diminuer.
De l'autre part, ci... 55 millions.		100 mill.

De l'autre part, ci. 2,600,000 ⎱
　Ainsi 30 pour cent sur 380 millions, donnent un bénéfice de.　.　114,000,000 ⎰ 116,600,000 liv.

§. I I.

Exportations de la France et de ses Colonies d'Amérique pour l'étranger.

La valeur des marchandises vendues à l'étranger par la France et par ses colonies d'Amérique, monte à une somme de 424 millions, en-

	171,600,000	100 mill.

est doublé par le fret d'exportation qui, comme on le verra ci-après, est également d'environ 5 pour cent : ce qui porte à 10 pour cent de la valeur des marchandises commercées par mer, les profits des navigateurs.

Résultat de 3 milliards.

	Sommes à ajoûter.	Sommes à diminuer.
De l'autre part, ci...	171,600,000	100 mill.

levés tant dans les ports, que dans les lieux d'entrepôts frontières. En voici la division.

Le montant des denrées et marchandises exportées de nos colonies d'Amérique, soit ouvertement, soit clandestinement pour les possessions étrangères du même continent , est de. . . . . . 20 millions.

Le prix des marchandises exportées de France pour l'étranger , par terre , est de. . . . . . 122 millions.

142 millions.

| 171,600000 | 100 mill. |

Résultat de 3 milliards.

	Sommes à ajoûter.	Sommes à diminuer.
De l'autre part, ci.. 171,600 liv.		100 mill.
De l'autre part, ci . . . . 142 millions.		
La valeur des marchandises exportées de France pour l'étranger, par mer, monte à . . . . . . 282 millions.		
T O T A L. 424,000,000 (1).		
	171,600,000	100 mill.

(1) Cette somme de 424 millions comprend entre autres articles celle de 74 millions, dont les tableaux de la balance du commerce ne faisoient pas mention ; laquelle représente, 1°. la masse des exportations vraisemblables faites des provinces d'Alsace, de Lorraine et des Trois-Evêchés. 2°. Une évaluation des marchandises françoises de luxe non déclarées à la sortie du royaume. 3°. La masse des denrées des Isles d'Amérique et autres marchandises enlevées par les étrangers, soit ouvertement, soit clandestinement, dans nos Colonies.

Résultat de 3 milliards.

	Sommes à ajouter.	Sommes à diminuer.
De l'autre part, ci..	171,600,000	100 mill.

Les bénéfices du fret résultant du transport par mer de ces 282 millions de marchandises exportées par cette voie, montent, pour les navigateurs étrangers, à . . . , 10,000,000

Pour les navigateurs françois , à . 2,500,000

TOTAL . . 12,500,000 l.

Un profit de 12 millions 500 mille livres sur une vente totale de 282 millions présente

	171,600,000	100 mill.

	Résultat de 3 milliards.	
	Sommes à ajoûter.	Sommes à diminuer.
De l'autre part, ci....	171,600,000	1 00 mill·

l'idée d'un bénéfice
de 4 et demi à 5
pour cent du mon-
tant de la vente.
La part pour les
navigateurs fran-
çois, est de. . . 2,500,000

On continuera
donc de partir de
ce bénéfice connu
sur une seule bran-
che d'industrie ,
pour évaluer quels
profits ont pu faire
sur la masse des
exportations tou-
tes les classes de
citoyens françois
agens intermédiai-

	2,500,000	171,600,000	1 00 mill.

Résultat de 3 milliards.

	Sommes à ajoûter.	Sommes à diminuer.
De l'autre part, ci... 171,600,000	171,600,000	100 mill.
Ci-contre. . 2,500,000		

res entre les producteurs, les manufacturiers nationaux et les consommateurs étrangers.

On doit observer que les calculs ne peuvent porter ni sur la masse des denrées des isles vendues à l'étranger qui font déja partie des profits résultans de la possession des colonies en Amérique, ni sur la

2,500,000	171,600,000	100 mill.

Résultat de 3 milliards.

	Sommes à ajouter.	Sommes à diminuer.
De l'autre part, *ci*...	171,600,000	100 mill.
Ci contre. . . 2,500,000		

masse des marchandises d'origine étrangère réexportées, dont on a arbitré au chapitre des importations les profits restés en France ou dans nos Colonies d'Amérique. C'est uniquement sur une valeur de 227 millions 194 mille livres, montant des productions de l'agriculture et de l'industrie françoises livrées aux étran-

2,500,000	171,600,000	100 mill.

Résultat de 3 milliards.

	Sommes à ajoûter.	Sommes à diminuer.
De l'autre part , ci..	171,600,000	100 mill.
Ci-contre...	2,500,000	

gers , qu'il faut déterminer les valeurs représentatives des frais et profits du commerce ; car on doit se rappeller que la valeur primitive des marchandises sur le territoire ou dans le lieu de fabrique fait partie des estimations du revenu général tant en produits territoriaux , qu'en articles des manufactures de la France.

2,500,000	171,600,000	100 mill.

Résultat de 3 milliards.

	Sommes à ajoûter.	Sommes à diminuer.
De l'autre part, ci.. 171,600,000		100 mill.
Ci-contre... 2,500,000		

Dans les profits et frais de commerce on comprend les bénéfices des capitalistes négocians, commissionnaires, marchands, journaliers, emballeurs, voituriers françois. Il semble que ce ne sera pas trop de fixer à 3o pour cent le montant de tous ces frais.

D'après cette base, la valeur primitive des produits

2,500,000	171,600,000	100 mill.

Résultat de 3 milliards.

	Sommes à ajoûter.	Sommes à diminuer.
De l'autre part, ci... 171,600,000		100 mill.
Ci-contre. ... 2,500,000		

territoriaux et de l'industrie de la France, pour la partie vendue à l'étranger, s'élève à. . . 159,037,000

Cette dernière valeur appartient aux propriétaires cultivateurs et aux négocians manufacturiers.

Et le montant des bénéfices et frais payés par l'étranger et bonifiés aux commerçans et autres citoyens françois agens intermédiaires entre le producteur et le consommateur, est de . . . 68,157,000

Total égal à la masse énoncée de l'autre part en productions de l'agriculture et de l'industrie de la France, exportées à l'étranger. 227,194,000

En augmentation ci. 68,157,000

70,657,000 l.

242,257,000 100 mill.

Résultat de 3 milliards.

	Sommes à ajoûter.	Sommes à diminuer.
De l'autre part, ci..	242,257,000	100 mill.

5°. *Commerce intérieur.*

La première base que m'offrent les résultats de la balance du commerce pour former des conjectures vraisemblables sur les valeurs additionnelles à celles primitives des produits de l'agriculture et de l'industrie françoises, formant les profits du commerce intérieur, porte sur la connoissance acquise du montant des bénéfices que se procurent les navigateurs dans le transport des marchandises d'un port à l'autre du royaume.

	242,257,000	100 mill.

Résultat de 3 milliards.

	Sommes à ajoûter.	Sommes à diminuer.
De l'autre part, ci. .	242,257,000	100 mill.

Ces bénéfices s'élèvent, pour les navigateurs françois, à . . . . .

| | 11,797,000 | |

Pour les navigateurs étrangers à la foible somme de 80 mille livres, ci.

| | 80,000 | |

TOTAL... 11,877,000 l.

Quant aux autres profits que partagent les capitalistes, les négocians, les commissionnaires, les marchands, les journaliers emballeurs, voituriers et autres agens in-

| Bénéfices des navigateurs françois. . . . . | 11,797,000 | 242,257,000 | 100 mill. |

Résultat de 3 millions.

	Sommes à ajoûter.	Sommes à diminuer.
De l'autre part, ci...	242,257,000	100 mill.

Ci-contre. 11,797,000

termédiaires entre
le producteur, le
manufacturier et le
consommateur re-
gnicole, il semble
que le taux de ces
profits ne peut pas
être fixé au delà de
de 15 pour 100 de
la valeur primitive
des produits de l'a-
griculture et de l'in-
dustrie, après avoir
retiré les salaires
des navigateurs,
mentionnés ci-des-
sus.

En effet, 1°. une

11,797,000	242,257,000	100 mill.
		grande

Résultat de 3 milliards.

	Sommes à ajoûter.	Sommes à diminuer.
De l'autre part, ci.	242,257,000	100 mill.
Ci-contre, 11,797,000		

grande partie des produits de l'agriculture est consommée ou échangée immédiatement par le producteur ; et dans ce cas, les bénéfices de commerce sont presque nuls.

2°. Les autres productions destinées à la consommation des districts plus éloignées ne doivent pas entraîner un intérêt de capitaux comme

| 11,797,000 | 242,257,000 | 100 mill. |

Résultat de 3 milliards.

	Sommes à ajoûter.	Sommes à diminuer.
De l'autre part, ci.	242,257,000	100 mill.

Ci-contre, 11,797,000

pour les fonds employés au commerce étranger, parce que les rentrées en argent ne sont pas à si long terme, et les craintes ou les risques de l'insolvabilité des correspondans, ne sont pas en général aussi réels lorsque l'on fait un commerce dans sa patrie, que lorsqu'on fait valoir ses fonds en pays étrangers.

3°. Enfin tous les

| 11,797,000 | 242,257,000 | 100 mill. |

Résultat de 3 milliards.

	Sommes à ajoûter.	Sommes à diminuer.
De l'autre part, ci..	242,257,000	100 mill.
Ci-contre, 11,797,000		

principaux agens du commerce se bornent à un salaire plus modique lorsqu'ils font des profits sur une grande masse , et la valeur totale du commerce intérieur excède de beaucoup celle du commerce extérieur.

Tous ces motifs doivent donc faire regarder comme suffisant, pour les agens du commer-

| 11,797,000 | 242,257,000 | 100 mill. |

Résultat de 3 milliards.

	Sommes à ajoûter.	Sommes à diminuer.
De l'autre part, ci.	242,257,000	100 mill.
Ci-contre, 11,797,000		

ce de toutes les classes, un bénéfice de 15 pour cent sur la masse totale des produits de l'agriculture et de l'industrie de la France et non compris ses Colonies.

Ces produits s'élèvent avec les aditions relatives aux soies et aux pêcheries, à 2,405,950,000

De laquelle somme il faut déduire le montant des expor-

	11,797,000 242,257,000	100 mill.

Résultat de 3 milliards.

	Sommes à ajoûter.	Sommes à diminuer.

De l'autre part, ci. 242,257,000 | 100 mill.

Ci-contre, . 11,797,000

tations à l'étran-
ger en produits de
notre sol et de nos
manufactures
dont les profits de
commerce ont été
arbitrés dans la
section précédente
sur la valeur pri-
mitive de 159,037,000

RESTE. 2,246,913,000

Bénéfices du
commerce à raison
de 15 pour cent de
cette somme . . 337,037,000

348,834,000

591,091,000 100 mill.

R 3

Pagination incorrecte — date incorrecte

NF Z 43-120-12

Résultat de 3 milliards.

	Sommes à ajoûter.	Sommes à diminuer.
De l'autre part, ci.	591,091,000	100 mill.

6°. Bénéfices laissés dans le royaume et résultant particulièrement des consommations et autres dépenses de la part des navigateurs étrangers qui fréquentent nos ports, des voyageurs qui traversent le royaume et y séjournent, des primes d'assurances payées aux négocians ou capitalistes nationaux ; enfin, des foibles profits du commerce d'Asie, et de ceux qu'ont procurés jusqu'à présent la possession des isles de France et de Bourbon et l'acquisition de la Corse.

Ces bénéfices seront arbi.

	591,091,000	100 mill.

Résultat de 3 milliards.

	Sommes à ajouter.	Sommes à diminuer.
De l'autre part, ci.	591,091,000	100 mill.

trés pour former une somme ronde à la somme de 57 millions 959 mille livres, au lieu de celle de 149 millions 5o mille livres faite par l'auteur du mémoire sur le commerce de la France et de ses Colonies. En diminution. . . . .

	millions	mille l.
	91	91

Augmentation. .	591,091,000	
Diminution		191,091,000
Augmentation nette.		400,000,000

D'après toutes ces explications, on pourroit donc résumer les différentes parties du revenu général de la France de la manière suivante.

R 4

1°. Produits de l'agriculture avec l'addition de 25 millions de valeur sur les soies ; et y compris le produit des pêcheries , avec l'addition de 30 millions de valeurs . . . 1,901,000,000

2°. Produits de l'agriculture de nos Colonies d'Amérique , déduction des valeurs représentatives du remboursement à faire pour la consommation des marchandises de France , et de celles originaires de l'étranger. . . . . . , ... 100,000,000

Produits de l'agriculture et des pêcheries de la France et de ses Colonies.

2,001,000,000

3°. Produits des manufactures , arts et métiers. . 504,950,000

4°. Profits du commerce de la France et de ses Colonies d'Amérique avec les Nations étrangères. 187,257,000

5°. Profits du commerce intérieur. 348,834,000

Produits de l'industrie manufacturière, du commerce des arts et métiers.

1,041,041,000

De l'autre part, produits de l'agriculture et des pêcheries de la France et de ses Colonies. . . . 2,001,000,000

Ci-contre. . . . 1,041,041.000)

6o. Produits des maisons et bâtimens, tant des villes que de campagne. 300,000,000

7o. Somme à ajoûter, ainsi que l'a fait l'auteur du mémoire sur le commerce de la France et de ses Colonies, et qui peut représenter le produit annuel de la culture du tabac dans quelques provinces de France, évaluées seulement à 15 cens mille livres; celui des fruits et légumes et tous les bénéfices résultans des consommations et dépenses de la part des navigateurs et des voyageurs étrangers; les profits résultans du commerce d'Asie, de la posses-

1,341,041,000 2,001,000,000

De l'autre part, produits de l'agriculture et des pêcheries de la France et de ses Colonies. . . .   2,001,000,000

      Ci-contre 1,341,041,000

sion des isles de France et de Bourbon, de quelques comptoirs en Afrique, de l'acquisition de la Corse, et enfin pour omissions possibles. 57,959,000

Produits de l'industrie manufacturière, du commerce des arts et métiers.

1,399,000,000

Total général . . . 3,400,000,000

Réflexions générales et définitives.

Ce qui a lieu d'étonner dans ce résultat de 3 milliards 400 millions, à quoi les calculs précédens font monter le revenu général de l'agriculture et de l'industrie de la France et de ses Colonies, c'est qu'il soit aussi éloigné des évaluations faites par les auteurs économistes.

M. le Trosne, ainsi qu'on l'a observé, fait monter la réproduction annuelle à 3 milliards 134 millions ; mais il annonce (1), que l'accroissement de valeurs procuré par les travaux de l'industrie, ne peut être ajoûté au calcul des richesses d'une nation que par un double emploi; et il n'en fait pas entrer l'estimation dans son évaluation de la reproduction totale: aussi en retranchant ici, toutes les estimations applicables aux profits faits par l'industrie, il s'ensuit que le seul revenu territorial de la France et de ses Colonies ne s'élève aujourd'hui qu'à 2 milliards.

M. Dupont annonce (1), que « les *ré- coltes annuelles* de la France calculées « avec une grande sagacité, d'après des « bases certaines sur quelques points, « par des conjectures combinées sous « toutes sortes de faces dans d'autres, « ont été évaluées au plus bas à trois « milliards deux cens millions, et au plus « haut à quatre milliards ». Cet auteur

---

(1) De l'administration provinciale et de la réforme de l'impôt, pages 16 et 70, édition de 1788.

(2) Lettre à la chambre du commerce de Normandie, page 79.

met en comparaison cette masse de Récoltes avec celles annuelles de l'Angleterre qu'il indique se monter à deux milliards deux cens trente-cinq millions ;
et il ajoute : en y joignant celles de l'E-
cosse et de l'Irlande , elles ne peuvent être
au-dessous de trois milliards.

J'observerai que M. Young (1) a porté
très-récemment le revenu de l'Angleterre
et de l'Ecosse , terres et profits de commerce , à 110 millions sterlings , ce qui
revient à 2 milliards 695 millions tournois (2) ; que cet auteur anglois a évalué
à 37 millions sterlings ou 906 millions
500 mille livres tournois , les profits seuls
des manufactures et du commerce de
l'Angleterre , non compris l'Ecosse , et à
67 millions sterlings , ou 1 milliard 641
millions 500 mille livres tournois , les récoltes annuelles des terres.

---

(1) Considérations sur le méchanisme des sociétés ,
tome premier, p. 3 et suivantes , par M. de Casaux.

(2) La livre sterling calculé à 24 livres 10 sols tonr-
nois.

Par *récoltes annuelles* de la France évaluées de 3 milliards 200 millions à 4 milliards, M. Dupont comprend sans doute les profits des manufactures et du commerce, puisqu'il compare ce produit avec le revenu général de l'Angleterre dans l'estimation duquel les auteurs anglois ont fait entrer les produits territoriaux et les profits des manufactures et du commerce. L'évaluation de M. Dupont se trouve donc différencier de beaucoup avec l'estimation de M. le Trosne, qui porte jusqu'à 3 milliards 134 millions la seule reproduction annuelle de l'agriculture en France, tandis que M. Dupont porte à 3 milliards 2 cens millions au plus bas, et à 4 milliards au plus haut les récoltes ou revenus annuels de la France (3).

____

(1) Cette acception *revenu*, donnée au mot *récolte*, employé par M. Dupont, me paroît d'autant mieux être le véritable sens qu'il y attache lui-même qu'à l'époque de l'assemblée des notables de 1787, aux travaux de laquelle il a eu une grande part, lorsqu'il fut question de calculer le produit possible de la subvention territoriale proposée par M. de Calonne, cet

Les recherches et les calculss de l'auteur du mémoire sur le commerce de la
France et de ses colonies, paroissent ap-
procher, comme l'on voit, plus près de
l'exactitude, puisqu'en prenant pour guide,
ses données, et en y joignant différentes
estimations pour les objets qui ne font
pas partie de son travail, on arrive à un

---

ex-ministre étoit parvenu à se former l'idée d'une
reproduction annuelle des terres en France de quinze
cens millions, « C'est du moins, dit-il, ce que le ré-
« sultat des combinaisons les mieux fondées et le
« terme moyen de divers calculs faits avec tout le
« soin possible peuvent établir de plus certain. Cette
« évaluation modérée est la seule à laquelle on doive
« s'arrêter, jusqu'à ce qu'on ait à y opposer des
« recherches aussi approfondies et vérifiées par au-
« tant de comparaisons proportionnelles, que le sont
» celles qui ont été rassemblées et discutées sous mes
» yeux. *Requête au Roi par M. de Calonne*, page
« 155 ».

Si donc en 1787, on estimoit à 15 cens millions le
seul produit des terres, c'est-à-dire, non compris
les pêcheries et les bénéfices de la culture des Colonies d'Amérique, l'évaluation des récoltes annuelles
prises dans le sens unique de la reproduction des
fruits de l'agriculture, ne pouvoit être portée en
1788, par M. Dupont, de trois à quatre milliards,

résultat de 3 milliards 400 millions, dont
2 milliards pour les produits de l'agriculture et des pêcheries de la France et de
ses colonies, et un milliard 400 millions
pour toutes les branches de manufactures
et d'industrie. Ce résultat tient le millieu
entre toutes les notions extrêmes constatées jusqu'à présent.

CONCLUSION.

A l'époque de la révolution, *le revenu
général de la France*, ou le produit annuel
des terres et les profits du commerce intérieur et extérieur, pouvoit s'élever à 62
millions 962 mille 963 marcs d'argent,
qui, à 54 livres le marc, représentent
une somme numéraire de *3 milliards 400
millions*.

*Dépenses publiques de la France à la fin
du dix-septième siècle.*

Suivant M. de Forbonnais, les dépenses
générales du royaume en 1697 montèrent,
y compris le payement des rentes, intérêts

d'avances et remises, remboursemens, à la somme de 186 millions 187 mille livres; ce qui donne 5 millions 642 mille 30 marcs sur le taux de 33 livres chaque marc.

Et sur celui actuel de 54 livres le marc d'argent, cette masse de dépenses forme une somme numéraire de 304 millions 670 mille livres.

Dépenses publiques de la France à l'époque de la révolution.

Suivant le compte publié par le gouvernement en 1788, les dépenses générales du royaume montoient à cette époque, y compris les rentes, intérêts d'avances et remises, remboursemens, à la somme de 633 millions 243 mille livres, ce qui donne 11 millions 726 mille 722 marcs, à raison de 54 livres le marc.

Montant

Montant de la dette publique de la France à la fin du dix-septième siècle.

Suivant le même auteur Anglois qui a laissé quelques notions du revenu général de la France, de l'Angleterre et de la Hollande à la fin du dix-septième siècle, le capital de la dette publique de la France paroissoit en 1698, de 100 millions 130 mille livres sterlings ou 2 milliards 453 millions 185 mille livres tournois (1). Cette somme équivaut à 45 millions 429 mille 351 marcs sur le taux actuel de 54 livres chaque marc (2).

----

(1) La livre sterling à 24 livres 10 sols.

(2) A la mort de Louis XIV, en 1715, le capital de la dette publique de la France s'élevoit à environ 4 milliards 500 millions de notre monnoie actuelle.

Mémoire pour servir à l'histoire générale des finances, par M. Déon de Beaumont, tome 2, page 47.

C'est de cette donnée dont on a fait usage dans le Tableau numéro 15, lettre D.

MONTANT

DE LA DETTE PUBLIQUE DE LA FRANCE

A L'ÉPOQUE DE LA RÉVOLUTION.

Extrait de l'état de la dette publique, imprimé au nom du comité des finances de l'assemblée nationale, au mois d'août 1790.

	Capitaux.	Intérêts.
Rentes viagéres et tontines. (Iere. part. p. 8.)	1,018,233,460l.	101,823,846l.
Rentes perpétuelles de toute nature. *Idem.*	1,321,191,817	65,913,973
Dette exigible au premier Janvier 1791, offices, charges, cautionnemens, dettes du clergé, droits féodaux, arriérés des départemens. (seconde part. page 8.)	1,339,741,813	64,284,008
Dette qui doit écheoir après le premier Janvier 1791, remboursemens d'emprunts et d'avances. (troisième partie, page 7.)	562,600,819	25,461,332
	4,241,767,909	257,483,159

	Capitaux.	Intérêts.
De l'autre part, ci.	4,241,767,909l.	257,483,159l.

Telle est la situation de la dette publique de la France pour le premier Janvier 1791. Mais comme dans l'objet de cet ouvrage, mes recherches s'arrêtent généralement à l'année 1789, époque de la liberté françoise, il faut constater plus particulièrement le montant effectif de la dette publique à cette même époque.

Sous ce dernier point de vue, il faut déduire :

	Capitaux	Intérêts
1°. Rentes constituées par le ci-devant clergé de France:	149,434,469	5,833,594
2°. Dixmes inféodées.	100,000,000	4,000,000
3°. Arriéré des départemens des années 1789 et 1790 ; par évaluation, moitié de la somme portée pour la totalité de cette nature de dette par le comité des finances.	60,000,000	3,000,000
4°. Emprunt de septembre 1789.	51,939,768	2,596,958
A déduire.	361,374,237	15,430,552

Le total de la dette publique au premier Janvier 1791, est de.

	4,241,767,909	257,483,159
Reste.	3,880,393,672	242,052,607

	Capitaux.	Intérêts.
De l'autre part, reste.	3,880,393,672 l.	242,052,607 l.
A quoi il faut ajouter les capitaux et les intérêts des anticipations remboursés au premier Janvier 1791, avec partie des 400 millions d'assignats - monnoie décrétés au mois d'avril 1790 ; lesquels assignats ont été compris pour mémoire par le comité des finances, dans l'état de la dette publique, attendu leur hypothèque spécial sur les Domaines nationaux. La somme d'anticipations sur 1789, 1790 et 1791 montoit, suivant le compte du gouvernement, au premier mai 1789, à.	271,500,000	15,800,000
Total définitif de la dette publique au moment de la révolution.	4,151,893,672	257,852,607

C'est donc à 4 milliards 152 millions environ que s'élevoit au moment de la révolution le capital remboursable de la dette publique, ou à 76 millions 888 mille 888 marcs d'argent, à 54 livres le marc, tant pour les capitaux de la dette constituée et non constituée, que pour ceux des rentes viagères.

Fin des pièces justificatives.

TABLE

DES MATIERES

DE LA BALANCE

DU COMMERCE.

A.

B.

C.

D.

Tome II.   T

F.

G.

I.

J.

L.

M.

N.

O.

S.

T.

Fin de la Table des Matières.

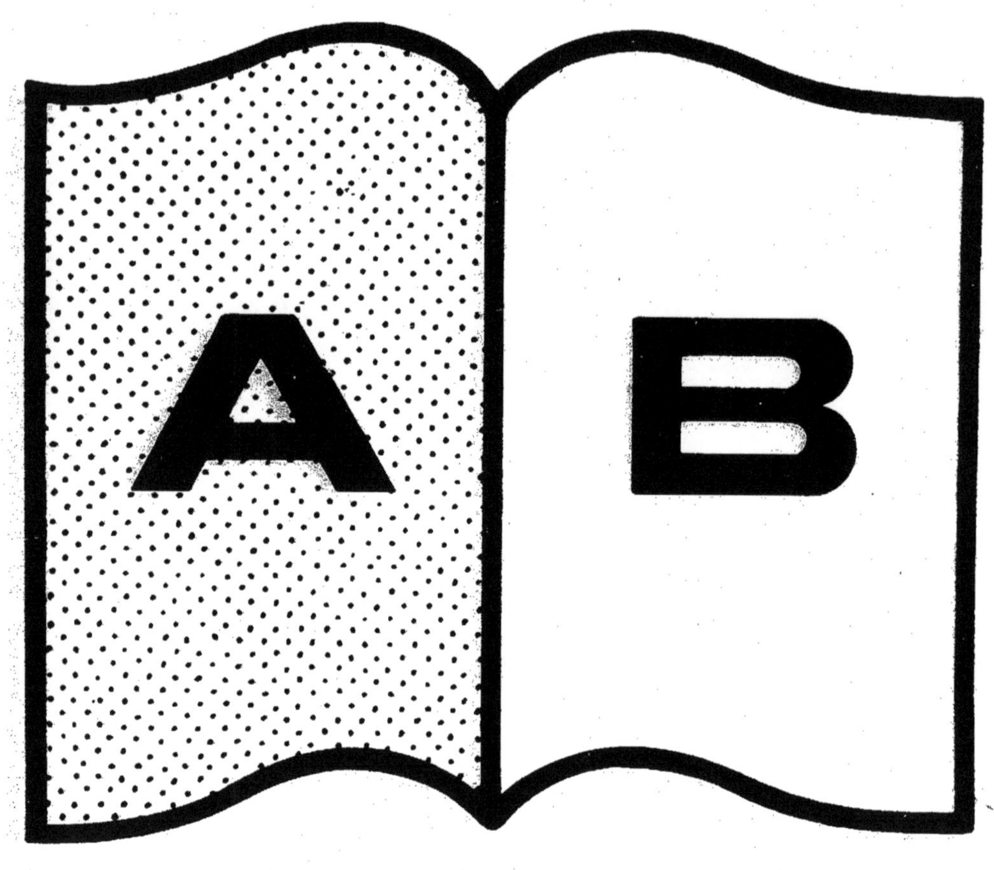

Contraste insuffisant

NF Z 43-120-14